JN409382

아버지의 바다

아버지의 바다

이현수 수필집

수필과비평사

■ 작가의 말

첫 작품집을 내놓은 지 7년이 되었다. 그때 머리말에 "늦둥이로 나섰으니 종종걸음을 쳐도 모자라겠지만, 정관하면서 살고자 하는 내적 요구 또한 거역하기가 쉽지 않다. 소걸음이라도 쉬지 않고 걷다보면 먼 길도 갈 수 있으리라는 믿음 하나로 조급히 서둘지 않으련다."라고 했는데 이제 두 번째 작품집도 또 7년 만에 내게 되었으니 태만의 탓으로 돌릴 수밖에 없다.

게으른 내 성벽 때문인지, 날로 메말라가는 정감 탓인지 가속도로 달리는 세상의 촉급한 박자에 맞추기가 어렵다. 추세에 따르려다 과욕의 함정에 빠지는 것보다 내 생체리듬에 맞게 살아가는 것이 마음 편한 일이 아닐까 자위하고 싶다.

비평가들은 시의 시대, 소설의 시대를 거쳐 이젠 수필의 시대에 이르렀다고 한다. 그 말처럼 수필문학은 바야흐로 번성일로에 놓여 있다. 많은 수필전문지가 월간, 격월간, 계간 등으로 출간되고 있고, 종합문예지에도 수많은 작품들이 쏟아져 나오고 있다.

이러한 양적 성장에 걸맞은 질적 성장이 따르고 있는지 알 수 없다. 바라기는 내 작품 중 어느 것 하나라도 그 가운데서 독자의 공감을 받는 것이 있다면 분외의 영광이 될 것이다.

첫 작품집을 간행하던 때와는 다르게 문학인으로서의 소임과 책임의식을 느낀다. 문학을 겉치레로 모독하는 일은 하고 있지 않은지, 친구 따라 강남 가는 들러리는 아닌지 자문한다. 광야에서 외치는 선지자는 못될망정 실존의 왜곡을 외면하지 않는 바르고 진실한 삶을 표출하고 싶다.

등단으로부터 첫 작품집을 내기까지, 그로부터 둘째 작품집도 7년 만에 또 내게 되었으니 의도하지 않은 이 7년이라는 터울의 반복이 다음번에도 이어진다면 어떤 길로 인도될지 자못 궁금한 일이다.

이 책을 기꺼이 간행해 주신 서정환 회장님과 ≪수필과비평≫ 가족 여러분에게 깊은 감사를 드린다.

2017년 7월

이 현 수

■ 차례

제1부
파도를 넘어서

제2부

들꽃처럼

제3부

느긋하게 살기

제4부

하산하면서

제5부

아름다운 얼굴

제1부

파도를 넘어서

파도를 넘어서

1960년대는 격동의 시대였다. 국가적으로도 그랬지만 내 생애도 그랬다.

나는 고등학교 3학년 졸업시험을 앞두고 알 수 없는 병을 앓았다. 처음에는 소화불량인 줄 알았다. 시골이어서 증세에 즉각 대처하지도 못해서 복막이 터지는 지경에까지 갔던 것이다. 시골의사는 위험이 따르는 수술을 하지 않으려고 도시의 큰 병원으로 가보라고 하였다. 그만큼 내 병은 위중했나 보다.

시골 병원에 몇 개월 누워 지내는 동안 졸업시험도 놓치고 대학입학원서도 쓰지 못했다. 마지막 등록금도 납부하지 못했기 때문에 나는 졸업장도 없는 형편이었다.

대학에 진학한 친구들은 방학 때 돌아와서 꿈같은 대학생활을 신나게 늘어놓았지만 이미 시기를 놓친 나는 퇴원 후에 아무런 대책도 소속도 없이 의기意氣를 잃고 위축되어 있었다.

다음 해 입시철이 되었을 때 내 형편을 전해들은 교장선생님께서 어서 대입원서를 써오라는 전갈을 보내셨다. 나는 아무 영문도 모른 채 쫓기듯이 대학 입학을 하였다. 아마 교장선생님께선 나를 졸업생으로 행정조치를 취해 놓으셨던 것 같았다.

그러나 이듬해에 또 원인 모를 병으로 시름시름 앓느라 상경을 못하고 있었다. 그것이 1960년 3월이었다. 자유당 부정선거를 규탄하면서 청와대로 몰려든 시위대를 저지하는 과정에서 연달아 희생자가 생기자 드디어 이승만 대통령이 하야를 하였다. 그리고 뒤이어 부통령에 당선된 이기붕과 그 전 가족이 자살을 하고, 장면내각이 들어선 4·19 혁명이 일어났다.

나는 이즈음 고향에서 원인 모를 병(나중에 밝혀진 바로는 겨울방학 때 서울 자취방에서 연탄가스에 중독된 후유증이었다)을 치료하면서 기력을 회복하는 중에 있었다. 마을 사람들은 나의 안전을 축하하는 말로 '명당 선산의 덕'이라 했었다. 그러나 나는 신문을 보면서 함께하지 못한 부끄러움을 삭이고 있었다.

나는 지금도 김광규의 〈희미한 옛사랑의 그림자〉라는 시를 읽으면 불의에 항거하지 못한 그 시절의 부끄러움을 느낀다. 4·19라는 우리 젊음의 한 시기를 이야기하는 자리에서 나는 늘 주눅이 든다.

우리는 그때 학교에서 제대로 학업을 진행할 수가 없었다. 거의 모든 대학에서 부정부패를 성토하는 데모로 시간을 흘려보내고 있었다. 1961년 5월 16일 군사혁명이 일어나 모든 정치활동이 금지되고, 폐쇄된 대학의 정문은 무장한 군인들이 지키고 있었다. 내 친구 중 하나는 군대에 입대한 지 얼마 되지 않아 군사혁명이 발발하자 탈영을 감행하였다. "혁명이 일어났는데 나도 탈영쯤 해도 되지 않느냐."는 어이없는 이유를 댔다. 그 친구는 탈영으로 인하여 평생을 제대로 직업다운 직업 한 번 가져보지 못한 채 늙어갔다.

나는 당시 장준하 씨가 발행하던 『思想界』를 통하여 유달영 교수의 글에 심취하고 그의 애국심에 경도되어 있었다. 『상록수』의 주인공 최용신의 생애와 덴마크의 애국자 그룬트비히의 겨레와 조국을 부흥시킨 운동에 매료되어 있었다. 그 영향이랄까 나는 몇 학기 동안 방학기간에 야학 교사로서 문맹퇴치운동에 참여하기도 하였다.

안병욱과 김형석 두 철학자의 에세이가 가난하고 외롭던 그 시절의 우리에게 위안과 용기를 주었다. 우리 시대 청년들의 책꽂이에는 그분들이 지은 책이 으레 몇 권씩은 꽂혀 있었다. 일본의 쿠라타 하쿠조오가 쓴 『사랑과 인식의 출발』이라는 책도 목마른 젊음을 달래주었다. 쿠라타 하쿠조오는 이 책을 쓴 후 자살을 했기 때문에 더 관심을 끌었을 것이다. 그가 남긴 "사랑하기 위해서는 알아야 하고 알기 위해서는 사랑해야 한다."라든가, "스스로 꽃이 되지 못하는 식물학자는 꽃의 진상을 알 수 없다. 자타합일의 마음이 사랑이다."라는 말이 그 당시엔 금언처럼 들렸다.

경동교회 강원용 목사님의 대학생을 위한 신앙 강좌가 매주 토요일 오후에 있었는데 거기도 열심히 참석하였다. 불꽃이

튀는 듯한 시선으로, 사회를 냉정하게 갈파하던 목사님의 신앙 강좌는 마음을 후련하게 해 주었다. 신앙 강좌도 좋았지만 거기서 만나는 어떤 여학생과 가까워질 수 있어서 더 부지런히 다녔을 것이다. 그 당시 우리는 가난했지만 그 가난을 물리칠 물질보다 허한 정신을 무엇으로 채울 것인가에 갈급해 있었다.

대학을 겨우 졸업한 나는 어디라도 당장 취직을 해야만 했다. 대학원에 진학할 생각은 꿈에도 하지 못하고 있을 때였다. 어느 날 느닷없이 대학원 학과 주임교수가 대학원 석사과정 입학원서를 건네며 당장 이 자리에서 원서를 쓰라고 했다. 나는 아무런 대책도 없이 입학원서를 쓰고 대학원에 입학하였다. 주임교수의 주선으로 국내 굴지의 출판사에 취직을 하여 대학원 학업과 병행할 수 있었다.

그러나 내겐 군복무를 마치는 것이 급선무였다. 뒤늦게 입대한 대학원 학생이 겪어야 했던 이등병의 설움은 여기에 다 기록하고 싶지도 않고 기록할 수도 없다. 생각하면 혼돈과 무질서가 소용돌이치던 사회에서 거센 파도에 휩쓸리지 않고 한길로 전진할 수 있었던 것은 그래도 행운이었다. 나는 지금도 세상을 잘 모른다. 학생의 신분에서 선생의 신분으로 바뀌면서 계속 학교에만 머물러 있던 내가 무엇을 알 것인가. 상아탑이라는 방호벽의 보호를 받으면서 지내온 지난날들이 고마울 뿐이다.

나는 1960년대 1인당 국민소득이 79달러였던 시절에 대학을 졸업하였으며 입대하였고 제대도 했다. 그때 결혼을 하였고 아이들을 낳았다. 무서운 '보릿고개'[絕糧期]는 해마다 반복되었고, 먹고 살기도 어려운 지경에 시골 촌놈이 대학에 다닌다는 것은 언감생심 바랄 수조차 없는 꿈같은 일이었다. 그러나 머뭇거리지 않고 두려워하지 않았던 것은 젊은 열정과 용기가 있었기 때문일 것이다.

중등학교 준교사 자격증으로 시험을 본 것을 시작으로, 직장을 옮길 때마다 시험을 거쳐야 했고, 대학 교수가 되는 관문에서는 이틀이나 단독면접 시험을 받았다. 그러나 내게 무슨 힘이 있었겠는가? 그때마다 나를 감찰하시는 구원의 손길이 시냇가 초원의 길로 나를 인도하였던 것이다.

무엇을 버릴까

나는 출가한 딸과 같은 아파트단지에 이웃하여 살고 있다. 가까이 살고 있으니 도움이 되는 일이 적지 않다. 딸아이가 바쁜 직업에 종사하고 있기 때문에 대면하여 차 한 잔을 편안히 마시기도 쉽지 않지만, 때때로 틈을 내어 돌봐 주려고 노력하는 것이 고맙다.

오늘도 창궐하고 있는 메르스 코로나바이러스 때문에 바깥나들이를 삼가고 있는데, 찬거리와 양식이 바닥나고 있는 줄

안 딸이 시장을 봐다 주고 갔다.

그러나 딸이 마냥 고마운 것만은 아니다. 그 애가 우리 집에 들어와 이리저리 둘러보고 냉장고 문을 열어볼 때면 나도 모르게 긴장이 된다. 참견하고 챙겨주는 것은 고맙지만 내 뜻과 전혀 다를 때가 많기 때문이다. 그중에서도 참기 어려운 것은 아직 멀쩡한 물건들을 왜 버리지 않느냐고 책망하는 듯한 말을 듣는 일이다.

이것은 돈 몇 푼만 주면 편리한 최신식을 살 수 있다느니, 저것은 유통기간이 지난 것이라느니. 날로 새롭게 변해가는 편리한 세상에 왜 불편하고 낡은 세간들을 쌓아두고 있느냐는 말에 대답이 궁한 것은 사실이다.

하지만 우리는 조금 불편하고 낡은 것일지라도 손에 익숙하고 정겨운 물건을 버리기가 싫다. 그러다 보니 집안이 제 집처럼 깔끔하지는 않을 것이다.

아파트 쓰레기 버리는 곳에는 꽤 큰 가구나 가전제품들로부터 자잘한 식기나 커피 잔에 이르기까지 버려지는 것들이 많다. 심한 경우에는 돌아가신 시부모의 물건이라고 포장도 아직 뜯지 않은 신품들을 버리기도 한단다.

버리기는커녕 나는 얼마 전에는 영문판『해리포터』시리즈를 주워온 적도 있다. 그러나 엊그제는 이제 읽을 아이들이 없어진 유아교육용 도서를 내놓았더니 그 자리에 있던 젊은 애엄마가 아주 기뻐하면서 고맙다고 인사까지 하였다.

퇴임하기 전에 날마다 아껴 입었던 정장들이 장 속을 거의 차지하고 있는데 갈수록 입고 나갈 기회가 없어지니 어떻게 처리해야 할지 궁리 중이다.

캐나다와 미국에서 벼룩시장(flea market)과 창고세일(garage sale)을 구경한 일이 있다. 국토가 워낙 광대한 나라이기 때문이겠지만 벼룩시장이란 것이 그 이름과는 걸맞지 않게 천여 평이 넘음 직한 널따란 단층건물 내부를 수많은 작은 칸으로 구분하여 진열해 두고 있었다. 하나하나의 칸을 유심히 살펴보면, 그 물건들을 쓰며 살았던 주인의 성별과 연령대와 생활양태까지도 어림잡을 수 있을 것 같았다. 어떤 칸에는 젊은 여인의 옷가지며 모자 신발과 도구들이, 또 다른 칸에는 군인(장교)의 정복과 여러 유니폼, 모자, 구두, 장갑, 무기(단도) 등 가지가지 물건들이 새로운 주인들을 기다리고 있었다. 개중에는 어쩌면 이런 것들까지 내놓았을까 싶을 정도로 작고

쓸모없어 보이는 것들도 많았다. 붙여진 값을 보면 우리 돈으로 몇십, 몇백 원부터 몇십만 원에 이르기까지 가지가지였다.

창고세일(garage sale)이란 이름만 보고 물건을 창고에 쌓아 두고 파격적인 염가로 파는 행사려니 생각했다. 그러나 실제 가보니 창고란 팔 물건을 쌓아 놓은 창고라기보다 자기 차를 세워두는 차고였고, 물건이 대량으로 있는 것도 아니었다. 어떤 집에서는 필요가 없어진 것들이지만 혹 남에게는 요긴하게 쓰일 수 있을 것이라는 생각으로 내놓았을 것이다.

그들은 이런 행사를 통하여 손쉽고 싼값으로 서로 요긴한 물건들을 처리하고 교환하는 지혜를 실천해 오고 있었다.

우리는 남이 사용하던 물건들을 별로 좋아하지 않는다. 아니 좋아하지 않을 뿐만 아니라, 싫어하고 부끄럽게 생각한다. 혹 희귀한 물건으로 보관할 만한 가치가 있는 것이라면 모르지만, 그밖의 평범한 것들은 필요하면 새로 사 쓸망정 다른 사람이 사용하던 것들을 물려받아 쓰려고 하지 않는다.

그러나 벼룩시장이나 가라지세일이 그들 일상생활의 한 패턴을 형성해 오고 있는 것을 보면 중고품에 대한 관념이 우리나라 사람들과는 상당히 다른 것 같다.

나는 우리나라의 벼룩시장을 잘 모른다. 어떤 체제로 어떻게 운영되고 얼마나 활성화되어 있는지. 우리 아파트만 해도 아직 쓸 만한 물건들이 많이 버려지고 있는 것을 보면 서양처럼 인식되고 있지 않다는 것이 분명하다. 나는 낭비는 죄악이고, 검소절약은 미덕이라 배우고 실천해 왔는데 요즈음엔 소비가 미덕인 시대가 되었다고 나무라면 대꾸할 말이 궁해진다.

최근 읽은 책 『죽기 전에 한 번은 유대인을 만나라(The Book of Jewish Values』는 다소 과장된 제목의 번역서이지만 공감할 만한 내용들이 있다.

관대하지 못한 사람은 가난한 사람들에게 자선을 베풀 능력이 있으면서도 그렇게 하지 않는 사람을 '인색한 사람'으로 여긴다. 그러나 사실 금전적인 문제를 떠나 다른 사람을 돕지 않는 보다 더 큰 이유는 '게으름'이라고 단정하였다.

예를 들어, 최근 더 이상 입지 않은 식구들 옷을 없애려고 옷장을 정리했을 때 어떻게 했는가? 가난한 사람들에게 옷을 나눠주는 자선단체에 전화를 해 상태가 괜찮은 옷들을 수거해 가도록 했는가? 아니면 그 옷들이 필요할 친구나 주변 사람들에게 가져갈 의사가 있는지 물어 보기라도 했는가? 아니면 그 옷들을 큰 비닐봉지에 넣어 그냥 쓰레기통에 버렸는가? 게으름 탓에 다른 사람들에게 선행을 베풀지 않는 것은 이기적인 일이라는 것이다.

나 역시 종종 그런 잘못을 저질렀다.

그것이 잘못이란 걸 알면서도 연락할 곳도, 물어볼 만한 사람도 없기 때문이었다.

쓴맛 단맛

나는 유소년 시절부터 몸이 매우 허약했다. 명절 뒤끝에는 늘 배앓이를 하거나 체해서 고생하곤 했다. 어느 때는 입맛을 잃고 여러 날 음식을 먹지 못한 적도 있었다. 손쉽게 약을 구할 수도 없었던 그 시대, 새벽이슬 먹은 약쑥이나 익모초즙을 어른들의 강권으로 어쩔 수 없이 마시기도 했다. 진저리를 칠 정도로 쓰디쓴 그 생즙을 마시고 나면, 차츰 입맛을 되찾고 소화력을 회복할 수 있었다.

우리 전통음식에는 쓴맛을 지닌 나물들이 유난히 많다. 고들빼기, 민들레, 씀바귀, 머위, 신냉이 등등.

어떤 나물은 막 돋아나는 어린 순을 그대로, 어떤 것은 줄기나 잎을 더운 물에 살짝 데쳐서, 어떤 것은 삶은 후 물에 오래 담가두었다가 먹기도 한다. 이러한 조리법들은 지극히 과학적인 것으로 오랜 세월을 거치는 동안의 체험과 지혜의 산물일 것이다. 근래에 쓴 나물들이 함유하고 있는 성분 중에는 항암제와 같은 놀라운 효능을 지니고 있는 것들이 많다는 사실이 드러나고 있는 것도 결코 우연한 일은 아닐 것이다.

나는 지금도 건강에 대한 자신이 없어서 늘 조심하는 편이지만 큰 불편 없이 이만큼이라도 지내고 있는 것은, 서구적인 음식보다 토종 음식을 좋아하기 때문인지도 모르겠다.

쓴 나물을 즐겨 먹는 우리와 비슷한 풍속이 유대민족에게도 있다고 한다. 그들은 이집트의 압제로부터 해방된 역사적 사건인 출애굽을 기념하는 유월절 7일 동안을 엄격한 의식에 따라 지키고 있는데, 이 의식에 참여하는 모든 사람들은 누룩 없는 빵과 으깬 과일과 쓴 나물을 먹는다. 이 음식들은 평상시에 먹는 것과는 달리 거칠고 맛이 없으며 역겨울 수도 있을 것이다.

그러나 엄숙한 마음으로 절제하고 인내하고 명상하면서 지난날의 민족적 시련과 고난과 희생에 대한 보상으로 현재 자유와 번영을 누리게 되었음을 잊지 않으려는 풍속인 것이다. 이스라엘 민족은 지난 역사적 사건의 교훈을 종교적, 철학적으로 승화시켜 각개 인격은 물론 민족전체의 영적 각성의 계기로 삼고 있다는 것이다.

유대민족의 수난사에 비교할 수는 없겠지만 우리 민족 역시 크고 작은 국난과 그에 따른 역경의 역사를 거쳤다. 생각해보면 겨우 일세기도 지나지 않은 엊그제의 일들인데 우리는 지난날을 너무 쉽게 잊어버렸다.

지금 우리는 세계 10위권 안에 드는 경제대국이 되었고, 평균 교육수준이 세계 최상위층에 이른다고 하며, 자유와 인권이 보장된 나라라고도 한다. 그러나 거의 매일 뉴스에는 세상을 비관하는 사람들의 기사로 넘쳐나고 있다.

어린 학생들로부터 70~80대 노인들에 이르기까지 자살하는 사람들이 왜 날로 늘어가고 있는 것인가? 왜 어린 자식들까지 데리고 죽는가? 그것도 자식을 위하는 부모의 사랑인가?

물론 그렇게 자살할 수밖에 없는 원인과 이유야 있을 것이다.

그러나 확실한 것은 우리가 지난날을 너무 쉽게 잊어버리고 현실에 매몰되어 살고 있다는 사실이다. 겨우 50~60년 전, 우리는 세계 최빈국의 국민이었고, 유엔과 선진국들의 원조로 겨우 연명할 수 있었다. 전쟁으로 황폐화된 땅에서 질경이처럼 끈질긴 생명력으로 자식들을 기르고 가르쳤다.

그렇게 해서 길러낸 우리 자식들이 작은 고통도 참아내지 못하고 우선 편하게 사는 일만 취한다면 우리의 미래가 어떻게 될 것인지 걱정스럽다.

누구나 넉넉하고 편한 것이 좋을 것이다.

누구나 화려하고 아름다운 것을 좋아할 것이다. 그러나 아무런 절제도 목표도 없이 무작정 입에 맞는 것만을 취하고 몸이 편한 것만을 추구하다 보면 육신은 물론 정신까지도 망칠 것이다.

혹시 요즘 우리들은 부지불식중에 단맛에 중독되어 있는 것은 아닐까? 거기 중독되어서 조금이라도 시거나 쓴맛은 견디지 못하는 것은 아닐까? 빨리 부자가 되고, 쉽게 성공해서 부족한 것 없이 남들에게 과시하면서 살아보려는 욕구! 쓴맛은 회피하고 달콤한 맛에 탐닉하고 싶은 허황된 욕망이 우리를 불행의 늪으로 빠져들게 하는 것이 아닐까?

안 씨安氏

나는 안 씨를 좋아한다. 그를 처음 만난 지도 어언 3년이 넘었다. 우리는 헬스장에서 처음 대면했는데 일주일에 적어도 사나흘, 잦으면 대엿새쯤 보는 셈이다. 운동하면서 마주치는 사람이 한둘이 아니므로 특별히 어느 누구에게 관심을 가지게 되는 것은 쉬운 일은 아니다. 운동을 하러 왔으니 주위 사람들을 눈여겨볼 마음도 시간도 없으니까.

그런데 내가 왜 안 씨를 주목하고 그를 좋아하게 되었는지

곰곰이 생각해 본다.

그는 나보다 적어도 20년은 젊을 것으로 짐작되는 중년의 사내다. 몸집도 왜소하고 인상도 첫눈에 호감을 느낄 만한 인물은 아니다. 그렇다고 교양미나 지적인 품격을 지니고 있지도 않다. 그리고 날마다 헬스장에 다니면서 건강관리에 힘쓸 만큼 여유(?)가 있어 보이지도 않는다. 그래도 안 씨는 누구보다도 열심히 운동을 한다. 아마도 나는 그 성실한 모습을 보고, 호감을 가지게 되었을 것이다.

그냥 쉽게 '헬스장'이라고 하지만 헬스장도 천차만별의 종류가 있다. 회원권이 수천만 원도 넘는다는 곳이 있는가 하면, 매달 기십만 원의 회비를 내야 되는 곳도 있다. 내가 다니는 곳은 동네 주민지원센터 건물에 조그만 규모로 마련된 헬스장이다. 공간이 좁고 설치된 운동기구도 많지 않으나 나 같은 사람이 운동하기엔 크게 불편하지 않는 곳이다.

우선 우리 집에서 걸어서 10분이 채 걸리지 않는 거리에 있다. 그뿐만 아니라 경로우대로 월회비도 절반만 받으니 감지덕지 다닐 수밖에.

많은 사람이 각기 자기 생활패턴에 맞는 시간을 선택하기 때문에 일정한 시간대가 아니면 똑같은 사람을 자주 만나기는 어렵다. 나는 가장 한가로운 시간대인 점심시간 이후, 퇴근시간 이전의 시간을 택하여 운동을 한다.

안 씨는 헬스장과 바로 이웃한 교회에서 아침 8시부터 오후 4시까지 일하고 퇴근하는 길에 들른다고 하니까 나와 거의 매일 마주치게 되는 셈이다.

만나고 얼마 되지 않아서부터 그가 나를 '어르신'이라고 불렀다. 처음 그 호칭을 들었을 때 나는 무척 거북스러웠지만 점차 친근해지면서 마음 편히 생각하기로 했다. 그는 아마 그럭저럭 이름 없이 늙어가고 있는 나를 '아저씨'나 '형씨'로 부르기가 불편하고, '어르신'이라고 부르는 것이 우대해 주는 일이라 생각했을 것이다.

그는 일정한 직장이 없이 건축 공사장으로, 막노동판으로 날품을 팔고 다니다가 교회에서 일하게 된 지 3년쯤 되었다고 한다. 교회에는 별로 힘든 일이 없고 전보다 안정되고 규칙적 생활을 할 수 있으니 좋다고 하였다. 아침 일찍 출근하려니 아침 식사는 못하지만 점심은 교회에서 얼마든지 공으로 먹을 수가 있고 이렇게 퇴근길에 운동까지 할 수 있어서 다행이라며 자기 사정을 스스럼없이 털어놓았다. 현재의 처지에 고마워하면서 행복스러워하는 그의 모습이 나는 마음에 들었다.

아마 그는 어려서부터 운동을 좋아했을 것이다. 철봉을 하는 것을 보면 얼마나 날렵하게 잘하는지 나는 그의 흉내조차도 낼 수가 없다.

몇 가지 자기 마음에 드는 운동을 매일 꾸준히 하는 걸 보면 견실한 사람이라는 걸 알 수 있다. 그는 항상 밝은 표정을 지니고 인사를 잘한다. 헬스장에 들어오면서 낯익은 사람들에겐 반드시 먼저 인사를 한다. 혹 대면이 안 되는 사람에게는 가까이 다가가서까지 인사를 하고, 운동을 끝내고 나갈 때에도 그렇게 한다.

그전에는 흔히 품삯을 떼인 일도 있었는데 이젠 교회에서 정기적으로 월급을 받으니 저축을 할 수 있다고 하였다. 매일 신문을 꼼꼼히 읽고 자기 뜻에 맞지 않는 일들에 대해선 예리한 촌평도 마다하지 않는다. 때론 사회적 관심사를 두고 갑론을박하는 일들에 대하여 나의 견해를 떠보기도 한다.

가만히 살펴보건대 그의 판단은 대부분 정확하고 올바르며,

편견이 없다. 생활이 조금만 궁핍해도 자기의 가난이 남의 탓이라 생각하면서 불평불만을 토로하는 게 보통인데 그에게서는 전혀 그런 점을 찾을 수가 없다. 오히려 정부에서 시행하는 보편적 복지정책에 대해 나라의 장래를 걱정하는 우국 지사적 면모를 보이기도 한다.

그와 얘기를 하다 보면 어느새 그의 순박하고 가식 없음에 동화되어 나도 모르게 잃어버린 천진성이 회복되는 듯한 느낌을 갖게 된다. 그를 만나면 언제나 반갑고 정겹다.

그의 모습이 보이지 않는 날이 혹 며칠이라도 생기면, 내가 그를 걱정하는 것처럼 그도 나를 염려한다고 한다.

내가 걱정하는 것은, 신분보장을 받지 못하는 처지에 있는 그가 하루아침에 실직이라도 하지 않았을까 하는 걱정이요, 그가 걱정하는 것은 행여 내가 병이라도 앓고 있지 않나 하는 염려일 것이다. 힘에 부친 운동도 그와 함께하면서 농담을 주고받으면 나는 힘든 줄을 모른다. 안 씨와 같은 처지에 있는 사람은 많을 것이다. 그러나 안 씨처럼 생각이 온건하고 행동이 바른 사람은 그리 많지 않을 것이다. 안 씨 같은 사람들과 더불어 편안하게 정을 나누면서 영육 간에 평화롭고 진실한 생활을 지속하는 것이 나 같은 보통사람이 누리는 행복이 아닐까 한다.

아버지의 바다

내 아버지의 무덤은 허총虛塚이다. 예수님은 십자가에서 돌아가신 후 3일 만에 부활하셨기에 빈 무덤이 되었지만, 내 아버지의 무덤은 애당초 주검이 묻히지 않았다. 시신이 없었으니 정상적인 장례의 형식을 거치지도 않았을 것이다. 아버지가 불귀의 객이 되었을 때 나는 겨우 일곱 살, 초등학교에도 입학하기 전이었다. 나는 오랫동안 아버지의 무덤이 비어 있다는 사실을 몰랐었다.

그 무덤이 언제 만들어졌는지도 물론 본 적이 없다. 그때 모든 일들이 혼돈과 소란 속에 뒤죽박죽되어 있었다는 생각만 어렴풋하게 떠오른다. 그중에서도 집안에서 벌어졌던 씻김굿의 광경은 언뜻언뜻 영화의 몇 장면처럼 스쳐 지나가곤 할 뿐이다.

이승에 남긴 망자亡者의 원한을 달래서 죽음의 세계로 천도薦度한다는 남도지방의 '씻김굿'.

아버지처럼 물에서 비명횡사한 사람들은 바다나 강물에서 넋을 건져내어 그 한을 위무하고, 죽음에 따른 부정不淨을 씻어서 미련 없이 죽음의 세계로 보내주는 '넋 건지는 굿'이라는 과정이 씻김굿에서는 필수적이라고 한다.

그런데 아버지의 묘소는 돌아가셨으리라 추측되는 때로부터 아마 1-2년이나 지난 다음에 조성되었을 것이다. 아버지의 죽음을 용인하지 않으려는 어머니의 분노와 항거 때문에 어느 정도의 기간이 소요되었으리라. 언젠가 돌아오실 아버지를 위하여 어머니는 늘 방 아랫목에 따뜻한 밥 한 그릇을 두툼한 요로 덮어 놓았었으니까.

음력 동짓달 스무이틀 경이면 남해안의 일기는 예외 없이 사납고 불순하다. 온화하던 날씨도 그때만 되면 갑자기 매서운 추위와 더불어 강풍이 몰아쳐서 바다는 온통 성난 파도로 뒤덮이곤 하였다.

점쟁이의 영력이 높았던 것인지, 떠돌던 소문을 듣고 짚어 맞췄던 것인지 알 수는 없으나 어김없이 요동치는 날씨의 변동을 보면 어림잡은 제삿날은 실제에 가까울 것 같다.

내가 결혼하여 신부를 데리고 처음 고향집에 갔을 때 어머니는 소주 한 병과 과일, 떡 등을 미리 챙겨 두었다가 아버지에게 인사부터 올리고 오라고 일렀다. 물론 명절 때에도 마찬가지였다. 나는 무덤 앞에서 공손히 절하는 신부에게 그것이 허총이라는 사실을 말할 수 없었다.

아버지 무덤 앞에 서면 나는 인간의 무력함과 허무함, 그리고 수치심 등이 얽힌 심한 갈등을 느낀다. 시신도 유골도 없이 지푸라기로 만든 인형을 묻어 놓았을 무덤 앞에서 고인을 추모하고 경의를 표한다는 것이 마음 내키지 않은 일이었기 때문이다.

아버지는 해방 전 어업금융조합에 근무하였다. 지방에서는 드물게 고등교육을 받은 인텔리였다. 해방이 되던 해 아버지는 상선을 사서 유통 사업을 시작하였다. 일본에서 많은 돈을 벌어 귀국한 교포 출신 선장의 배를 사들였던 것이다. 생활필수품의 유통망이 원활하지 못하던 시절이었으므로 처음 한두 번은 괜찮았을지 모른다. 그러나 배는 많이 낡아 있었고 젊은 아버지는 그 방면의 경험이 전혀 없었다. 세 번째 행인가 출항한 후 아버지는 영영 돌아오지 않았다. 큰아버지와 독신인 외삼촌을 포함한 11명의 마을 사람들까지.

어머니가 주관해 오시던 아버지의 제사를 내가 물려받은 것은 십여 년 전 일이다. 내가 살고 있는 도시 아파트에서 간소한 추도식으로 지키게 된 후 어머니는 마음이 불편한지 아무 말 없이 지나가곤 하신다.

이제 구순 중반에 이른 어머니가 돌아가시면 어떻게 할까 고민스럽다. 어머니는 가끔 당신이 묻힐 곳을 묻곤 하신다. 자주 돌아보지도 못할 고향 선산에 어머니 산소를 만들어야 할 것인지? 나는 수목장이 좋겠다는 생각을 하고 있지만 그것은 내 사후의 일이고, 어머니의 생각은 다를 것 같아서 선뜻 말이 나오지 않는다.

만약 화장을 해서 땅속에 묻고 그 위에 나무를 심겠다고 한다면, 어머니는 분명 소스라치게 놀라실 것이다. 그리고 불효막심한 자식이라고 노여워하실 것이다.

요즘 들어 생각해 보는 일은 아버지의 빈 무덤 자리에 어머니를 모시면 어떨까 하는 것이다. 오랜 세월 동안 비어 있던 아버지의 무덤을 어머니의 육신으로 채워서 상징적으로나마 아버지와 합장해 드리면 괜찮을 것 같기도 하기 때문이다. 아마도 전례가 없을 이러한 나의 소행을 집안사람들이나 고향 분들은 어떻게 생각할지 모르겠다.

그러나 내 마음속 아버지의 무덤은 푸른 바다다.

먼 수평선을 바라보고 있으면 파도 소리와 더불어 아버지의 음성이 들리는 것 같다. 아내가 셋째 아이를 가졌을 때, 나는 바다에서 어른의 키보다 더 큰 물고기 한 마리를 낚아 올린 꿈을 꾸었다. 그 꿈은 엊그제 일처럼 지금도 생생하다. 아내는 시아버님이 주신 자식이라고 믿는 눈치였다. 내 속으로는 아버지의 넋을 이제야 건져 올린 것은 아닐까 하는 생각이 들기도 했다. 태어나고 살다가 죽는 일, 그런 일들이 참으로 오묘하다. 운명이라고 할 것인가, 절대자의 섭리라고 해야 할 것인가. 온 세상에 편만한 이법의 순리를 언제 알 수 있을 것인지.

도처에 스승

C 여사를 처음 만난 것은 정보화교육 강의실에서였다.

개강하는 날 시간에 맞춰 나갔더니 자리는 거의 차 있었다. 두리번거리다가 맨 앞줄 한가운데 자리로 비집고 들어갔다. 숨을 돌린 후 강의실 안을 둘러보니 그 자리가 하나 남은 마지막 빈자리였다.

날로 발전하는 정보화시대에 겨우 e-mail이나 주고받으면서 만족할 수는 없지만, 컴퓨터 교육을 새로 받기로 결심하는 일도 마음처럼 쉽지 않았다. 나처럼 나이 든 사람이 없을 것이라는 생각에 창피하였고, 공연한 짓을 하려는 건 아닌지 자꾸 움츠러들었다.

그러나 그날 강의실 안에는 내 또래의 수강생들이 꽤 있었고, 나보다 훨씬 연로해 보이는 사람들도 여럿이었다. 바로 내 자리 좌우에 앉아 있는 분들도 그러했다.

일주일에 두 번 있는 수업에 착실히 출석하였고, 개강한 날 앉은 자리가 마치 지정된 자리처럼 종강할 때까지 계속되었으므로 자연스레 좌우에 앉은 사람들과 친하게 되었다.

그중에서도 왼쪽 자리에 앉은 C 여사와는 특별히 가까워졌다. C 여사는 94세라고 하였다. 94세라면 우리 어머니보다 한 살 위다. 그분은 깔끔하고 단정하며 교양이 높아서 말 한마디도 함부로 건네기가 조심스러웠다.

주민센터의 교육과정을 보면 어떤 과목은 한 달 동안, 어떤 과목은 두세 달 동안이면 끝났는데 C 여사와 나는 거의 반년 가까이 옆자리에 앉아 강의를 함께 들었다. 서로 상의하여 같은 과목을 신청하기도 하고, 자리를 잡아놓고 기다리기도 했다.

그분은 나와 같은 단지의 아파트에 살고 있어서 오가는 길도 동행할 수 있었다. 나는 내심으로 C 여사를 어머니처럼 보호해 드리고 싶었다. 사실 그분은 내 어머니와 몇 가지 공통되는 점이 있었다.

결혼한 지 십여 년 만에 3남매를 안고 청춘에 홀로 되었다는 점도 그랬다.

"죽으려고도 했지요. 그러나 자식들 때문에 그럴 수가 없었어요."

명문가의 딸로 이화여전을 졸업한 C 여사는 꿋꿋하게 살면서 자녀들을 훌륭히 성공시켰고, 손자손녀들도 세계적인 인재로 자라 많은 사람들의 부러움과 칭찬을 받고 있다고 하였다.

C 여사는 언제나 겸손하고 성실하였다. 강의 내용을 깨알 같은 글씨로 정리해 가면서 여러 번 반복 수강하는 학구적 태도는 젊었을 때부터 길들여진 생활습관인 것 같았다. 내가 혹시 잘못 따라가면 얼른 가르쳐주고, 놓치지 않도록 일러주기도 했다.

그분은 거의 날마다 간식을 준비해 와서 중간 휴식시간에 20여 명의 수강생들에게 나누어 주었다. 지난가을에는 옥수수

함지를 인 아주머니가 강의실 문 앞까지 왔었다. C 여사가 우리들에게 강원도 찰옥수수를 뜨끈뜨끈할 때 먹이고 싶어서 미리 주문하였다고 하였다.

나는 C 여사와 자주 e-mail을 주고받는다. 그 나이쯤이면 육신이 편하기를 바라고 자녀들과 함께 살기를 원하련만 그는 독립하여 조그마한 아파트에서 혼자 지내고 있었다. 자녀들이 인근에 살고 있다고 하지만, 혼자 사는 것이 자유로워 좋다고 하였다. 생활자금도 직접 관리하고 있다니 대단한 일이다. 노령이지만 아직도 공영기업체의 고문직에 있으면서 이름만 걸고 있는 사람이 되지 않으려고 노력하는 모습이 존경스럽고 놀라웠다.

정보화교육을 받으려고 문화센터에 갔지만, 나는 정보화교육보다 훨씬 중요한 인생의 지혜와 삶의 자세를 배우는 인생수업을 C 여사로부터 받았다. 삶의 도처에 스승이 있다는 말을 실감한다.

조용하고 깨끗하게 석양녘 햇살을 받으며 인생의 저녁을 즐기는 C 여사를 알게 된 것은 우연한 일이 아니다. 어려운 나이로도 자식들의 짐이 되지 않고, 이웃들을 돕고 나누는 삶. C

여사처럼 창조적이고 품위 있는 생활을 지속한다는 것은 말처럼 쉬운 일이 아닐 것이다. 그러한 삶의 방식이나 태도는 결코 하루아침에 이루어질 수 없을 것이다.

"죽으려고도 했지요."라던 C 여사의 말이 생각난다. 세상에는 인간의 노력만으로 이루어질 수 없는 일, 하늘의 축복과 도움이 없이는 기대할 수 없는 일들도 있다. 그리고 하늘은 인간의 바른 마음과 노력이 없을 때 외면할 수 있다.

C 여사보다 1년 아래인 우리 어머니는 지난가을 청명한 주말, 편안한 모습으로 주무시는 듯이 돌아가셨다. 끝끝내 자식들을 걱정했을 어머니의 배려가 눈물겹다.

나는 그동안 혹 어머니보다 먼저 가는 불효자가 되면 어떻게 하나 가끔 걱정했었다. 그러나 어머니가 먼저 가셨으니 나는 이제 삶에도 죽음에도 자유로움을 느낀다.

나는 장수하기를 원하지는 않는다. C 여사처럼 우아하고 정결하게 살 자신이 없다. 나는 다만 품위 있고 아름답게 나이 들어 갈 수 있도록 마음공부를 해야겠다. 어떤 이들은 '나이가 드니 편하다.'고 하지만 나는 그렇지 않다. 나이 들기처럼 어렵고 불편한 일도 없는 것 같다.

멀리 있는 것은 그립다

나는 대부분의 직장생활을 지방에서 하였다. 경기도에서 시작하여 서울로, 전주로, 광주로 옮겨 가며 살다가 무등산 기슭에서 정년퇴임을 하였다.

퇴임 후에는 어떻게 해야 하나 망설이다가 결국은 서울로 오고야 말았다. 내 인생 후반기를 꼭 복잡하고 소란스러운 서울 거리에서 보내야만 할 것인가 하는 의문이 아주 없었던 것은 아니다.

어떤 사람들은 서울에서 살다가도 퇴임 후에는 낙향하여 때 묻지 않은 청정한 자연 속에서 신선처럼 잘살고 있는데, 나는 오히려 오염과 번잡의 소용돌이 속으로 돌아온 것이다.

발랄하던 생기가 쇠진해버린 몸으로 뒤늦게 서울로 오고 보니 모든 게 낯설고 서툴고 어둡기만 하다. 그동안 서울에서 줄곧 뿌리를 뻗고 살았더라면 아마 지금보다는 더 존재감 있게 살 수도 있었을 텐데 하는 아쉬움도 있다.

그래도 내 인생의 도정이 그렇게 삭막하게만 느껴지지 않은 것은 지방에서의 윤기 있었던 삶의 여력 때문일 것이다.

내가 무등산 능선같이 넉넉한 오지랖에 싸여 내 인생의 사반세기를 광주에서 보냈던 것은 행운이었다. 사람들이 모여 사는 곳이니 쫓기고 부대끼는 일이야 어딘들 마찬가지겠지만, 숨 막히는 질주와 날 선 대결에 쫓기지 않고 살 수 있었으니까.

서울로 돌아온 후 나는 거리거리에서 내 가난했던 20대의 흔적을 발견하려고 두리번거린다. 가난했던 만큼 치열하게 대처했던 내 젊음을 되돌아보고 추억에 잠겨보려 하지만, 그때와는 전혀 달라진 거리에서 두려움을 느끼게 된다.

서울 거리는 옛날의 그 거리가 아니다. 낯선 건물들은 하늘 높이 치솟아 오르고, 각종 외국어 간판들이 밤낮없이 명멸하는 거리에서 나는 젊었을 때와는 또 다른 갈증과 고독을 느끼는 것이다. 그래도 동창 모임이나 고향 친구들을 만나면 소탈하고 순박한 정감 그대로 소통할 수가 있어서 좋다. 위기감에서 탈출한 것처럼 위로를 받으면서 광주에서는 오히려 쓰지 않던 남도의 사투리를 마음껏 쏟아내는 것이다.

친구들은 오랫동안 참석하지 못한 나를 탓하지 않고 반겨주었다. 그러면서도 은근한 괄시(?) 또한 만만치 않다. 총무니 회장이니 하는 귀찮은 임무를 연이어 내게 떠맡기는 일들 말이다. 원래 숫자에 둔감한 내가 회의 때마다 수입지출 내역을 보고하고 장부를 맞추는 일이라든지, 친구들 근황을 파악하여 제때에 맞게 위문을 하거나 축의를 표하는 일 등 어느 것 하나 손쉬운 게 없다. 그러나 이런 자질구레하고 번거로운 일들이 아주 싫지만은 않다. 그리고 그런 일들을 하면서 새로 깨닫는 이치도 있다. 우리가 살아가는 세상은 반드시 중대하고 의미 있는 일로만 이루어지는 것이 아니라는 사실, 사소하고 시시하고 잡다한 일들이 모여서 '인생'이라는 아름다운 하나의 입체가 된다는 진리.

사람이 한평생 살아가는 일이란 결국 평범한 일상사의 조합과 집적의 총화總和가 아니겠는가. 지극히 평범한 일상사라도 잠시 잠깐 한눈을 팔거나 무시하다 보면 예측 못했던 탈이 나기 십상이고, 남을 배려하지 않는 자기중심주의로는 결코 이웃들과 화목할 수 없다는 평범한 이치를 깨닫기 위해 특별한 노력을 할 필요가 없다.

최근에 '행복을 위하여 어떤 노력을 해야 할 것인가?'라는 과제를 연구했던 전문가(댄버 대학 심리학 연구진)의 해답은 너무나 평범하다. 돈과 명예가 아닌 사회적 관계에서 진정한 행복을 찾아야 한다는 것이다. 행복하기 위하여 의식적으로 노력하는 사람보다, 행복에 대하여 신경 쓰지 않고 사회적으로 건강한 관계를 맺고 사는 것이 행복을 찾는 지름길이라는 것이다.

지방과 서울을 번갈아 옮겨 살던 내가 앞으로 다시 어디로 거처를 옮길 것 같지는 않다. 내가 아주 세상을 떠난 다음, 두고 온 인간세상을 또 그리워하게 될는지도 모르겠다. 푸시킨의 지나간 것은 언제나 그리워지는 것이라는 말이 지금 문득 생각난다.

사람은 살아 있는 한 무엇인가를 끊임없이 그리워하게 되어 있나 보다. 처음 광주로 내려갔을 때에는 마치 임시로 짐을 풀어놓은 것처럼 모든 것이 을씨년스럽고 불편하였으며, 두고 온 서울이 그리웠었다. 그러나 지금은 멀어진 광주가 그립다.

에스프레소espresso

'바리스타(barista)'란 단어를 내가 처음 들어 본 것은 아마 30여 년 전 일일 것이다. 소위 '양촌리 다방'에서 에그 커피나 쌍화차를 즐겨 마시던 시절, 바리스타가 원두커피를 끓여준다는 말은 들어본 적도 없었다.

술을 좋아하던 P 교수는 취기가 거나해지면 불란서로 유학 보낸 딸 이야기를 가끔 꺼내곤 하였다. 그 딸아이가 아르바이트를 하려고 '바리스타인지 뭔지' 하는 일을 배우고 있다는 것이었다. 그때는 바리스타란 말이 무슨 뜻인지, 어떤 직업을 말하는지도 모르고 막연히 짐작을 하면서 들었다. 처음에는 자랑하는 말인가 생각했더니, 몇 번 듣다 보니 꼭 그렇지만은 않은 것 같았다. P 교수는 오히려 매우 수치스럽게 여기고 있는 것이 아닌가 싶었다.

천리 타국에 유학을 보낸 딸아이가 겨우 음료 조리를 하는 서비스업종에서 일하면서 커피 시중이나 하고 있다는 사실을 쉽게 용인할 수 없었던 것 같다. 더구나 P 교수는 유별난 선비의식을 지니고 있었고 유학 보낸 그 딸을 특별히 애지중지한다고 하였다. 그 시절 대학 교수의 봉급으로 유럽 유학생 자식을 둔다는 것은 언감생심 엄두도 못 낼 일이었다.

요즈음 소위 커피전문점이란 곳에는 으레 바리스타가 한 사람쯤 있다고 한다. 그 P 교수의 딸은 지금 어디서 무얼 하고 사는지 불현듯 궁금해진다. 요즈음 이름 있는 바리스타는 상당한 대우를 받는다는데, 그때 배웠던 그 기량을 잘 활용하면 아마 그녀는 지금쯤 우리나라 제일의 바리스타로 각광을 받고 살 수도 있으련만, P 교수도 타계하고 말았으니 알 길조차 없다.

며칠 전 우리 내외가 제자들에게 점심 대접을 받고 그녀들이 자주 다니는 커피전문점으로 함께 갔다. 졸업한 지 오랜 세월이 지난 50대 후반의 제자들이 가끔 우리 내외를 불러내어 이런저런 세상 사는 이야기도 하면서 식사 대접을 하곤 한다. 그날따라 짙은 커피 향내가 이국 정서를 자극하는 운치 있는 분위기가 좋았다. 메뉴판에 보이는 커피의 종류는 헤아릴 수 없을 만큼 많았다. 그 가운데 어느 것을 고를지 몰라 망설이다가 평상시 맛보지 않은 커피를 시키고 싶었다. 죽 커피 이름을 훑어내려 가는데 '에스프레소'라는 썩 매력적인 이름이 눈에 띄었다. '옳다.' 하고 그걸 시켰더니 제자들의 표정이 약간 의외라는 듯 심상치 않았다. 속으로 '앗차!' 싶었지만 한 번 내친김이니, 모르는 체 버티기로 했다.

한참 있다가 가져온 것을 보니, 웬걸 다른 사람들 앞에 놓인 찻잔과는 달리 내 앞에 놓인 커피 잔은 유난히 작았다. 마치 옛날 장 종지 비슷한 조그만 잔에 진한 홍삼 엑기스와 흡사한 것이 조금밖에 들어 있지 않았다. 남들은 커피 잔을 들어 유연히 마시는데 나는 어찌할 줄 몰라 머뭇거리지 않을 수 없었다. 주위를 곁눈질하며 망설이다가 잔 곁에 놓인 티스푼으로 조금

떠서 입에 넣었다가 소스라치게 놀라 엉겁결에 비명을 지르고 말았다.

무슨 커피 맛이 그리 쓰고 독하게 혀를 자극하는지 도저히 참을 수가 없었다. 이런 내 모습을 본 일행은 드디어 폭소를 터뜨렸다. 미리 일러주고 싶었지만 내가 무안해 할까 봐 그냥 두고 본 것이 탈이 되었다고 실토를 하였다. 데운 물로 희석을 해서 두 컵을 더 만들어 마셔도 소태맛인 것을 모르고 함부로 잘난 체하려다가 망신을 당하고 말았다.

나중에 안 사실이지만, 에스프레소는 커피 원액으로 여기에 무엇을 첨가하느냐에 따라서 아메리카노가 되기도 하고, 카푸치노 또는 라떼가 되기도 한다는 것이었다. 그 집의 바리스타는 제법 커피 맛을 알고 있는 마니아가 온 줄 알고 아마 정성을 들여 에스프레소를 만들었을 것이다. 그런데 내 입안에 남아 있던 그 쓴맛의 자극은 점차 약화되어 고소한 뒷맛으로 변하면서 커피 향의 여운과 함께 상쾌한 기분을 느끼게 하는 조화를 부렸다. 에스프레소는 이런 맛에 길들여진 커피광들이나 즐길 커피 진액인 것을.

이렇게 말하다 보니, 내가 제법 커피를 즐기는 생활을 하는 것처럼 오해를 받을지도 모르겠다. 솔직히 고백하거니와, 나는 커피를 별로 좋아하지 않는다. 어쩌다 분위기에 어울리느라 한두 잔이라도 마시고 나면 뱃속이 편치 않는 순 토종의 체질이기 때문이다. 하루에 두어 잔의 커피는 치매 예방에도 도움이 된다기에 가능한 한 순한 커피라도 마시려고 노력하지만, 나의 체질은 쉽게 순치되지 않는다.

가끔 외식이라도 하는 날, 식후에 마시는 한 잔의 커피는 입맛을 개운하게 해 주어서 좋다. 비가 오거나 눈이 내리는 날, 또는 무슨 일이 손에 잡히지 않고 마음이 뒤숭숭할 때, 때론 음악을 들으면서 홀로 마시는 한 잔의 커피는 인생의 우수를 더욱 짙게 해주어서 좋다.

그러나 요즈음 마치 유행처럼 길거리마다 커피집들이 날로 늘어나고 있는 현상은 별로 유쾌하지 않다. 한 집 걸러 또 한 집, 제각각 유명한 프랜차이즈 커피전문점임을 내세우면서 호화로운 인테리어를 과시하고 있는 거리를 지날 때면, 괴리된 감정의 골이 깊어지고 있는 듯한 느낌을 지울 수 없다. 커피의 향내에 어울리지 않게 우울하고 둔중한 삶의 무게를 느끼는 것이다.

스마트한 세상

남들이야 스마트 폰을 쓰건 말건 나와 상관없는 일이거니 생각하고 있었다. 그동안 사용하여 왔던 휴대폰으로도 얼마든지 통신이 가능하고 기능도 다양하여 아무런 불편한 점이 없었다. 사실은 거기 탑재되어 있는 여러 가지 편리한 기능들도 다 제대로 활용하지 못하고 있지 않았던가. 게다가 스마트 폰으로 바꾸려면, 상당한 기기값은 물론이고 매월 적잖은 통신료도 더 내야 한다고 했다. 그리고 휴대전화라는 이름이 무색

할 정도로 무겁고 커서 이리저리 마음이 내키지 않았다.

그런데도 업계의 추산으로 금년 말까지 스마트 폰 사용자가 2천만 명에 이를 것이라고 하니, 적어도 우리 국민 3명 중 한 명 이상이 스마트 폰을 쓰고 있는 셈이다.

내 주변 사람들이라고 가만히 있을 리 없다. 친구들은 말할 것 없고 아들, 딸, 며느리, 사위, 심지어 아내까지도 스마트 폰을 쓰면서 나는 알아듣지 못할 스마트폰 사용자들끼리 통하는 말을 주고받곤 한다.

특히 집안에 무슨 공동의 관심사라도 생기면, 마치 서로 마주보고 상의하고 있는 것처럼 스마트 폰끼리 긴밀히 의사소통을 하는 모습을 보면, 나 혼자만 외딴 섬에 밀려나 있는 듯한 소외감을 느끼곤 했다.

집안일이 아닌 사회적 공공의 문제라면 이제는 퇴직해 물러난 나 하나쯤 뒷전에서 관망해도 잘 굴러갈 터이니 신경 쓸 필요가 없다. 그러나 집안일은 그렇지가 않다. 젊은 아이들이 알아서 할 수 있는 일이라도 최종 결정은 내가 해야 할 때가 많다. 비록 사소한 일이라도 나의 참여를 배제한 채 결론으로 유도될 때에는 내심으론 매우 섭섭하지 않던가.

지금은 소통을 중시하는 시대라고 하는데 나 혼자 무리에 끼지 못하면서 스스로 독야청청 지조를 지키고 있다고 말할 수 있겠는가? 자진하여 다가서지 않으면 영영 잊힌 존재의 골방신세로 전락할 수도 있겠다 싶었다.

지난주에 결연히 최신 스마트 폰으로 바꾸고 말았다.

그동안 나는 스마트폰 사용자들의 한결같은 모습이 눈에 거슬렸다. 지하철이나 버스 같은 데서 한번 자리만 잡았다 하면, 전후좌우에는 전혀 신경을 쓰지 않고 오로지 휴대폰에만 얼굴을 처박고 있는 모습, 거리를 걸으면서도 문자를 주고받느라 다른 통행자들의 진로를 막는 일들, 모처럼 만나 회식하는 자리에서도 딴전을 펴는 등등. 소위 소통을 한다면서 바로 지금 곁에 있는 사람들과는 불통하는 자기모순을 저지르는 짓을 아무렇지 않게 여기는 것 같았다.

그러나 이제 나도 스마트 폰을 사용하는 무리에 끼이게 되었다. 그동안 내가 못마땅히 여겼던 그런 모습을 부지불식중에 재연이라도 하지 않을까 조심스럽다.

아무튼 나는 지금 우선 스마트폰의 기능을 익히느라 정신이 없다. 틈만 나면 전화기 모니터를 들여다보느라 옆 사람들의 일에는 관심이 없는 다른 사람들과 하등 다를 바 없게 되었다.

과거에는 상상할 수도 없던 놀랍고 혁신적인 기능을 구비한 휴대폰들이 하루가 다르게 새로이 출현되고 있어 미래 인류의 생활이 어떻게 변모될지 가늠하기 어렵다. 사진과 음악과 다양한 정보를 단 몇 초 사이에 세계의 구석구석으로 전달할 수 있고, 상대방과 화상으로 통화를 하는 등 옛날 얘기 속에서나 들었던 환상적인 일들이 지금 이루어지고 있는 것이다. 어떻게 나를 알았는지 전혀 모르는 사람들에게서 친구를 하자는 연락이 오고, 광고들이 날아오고 돈을 꾸어주겠다고, 놀아주겠다고 하는 화친의 세상.

문제는 이렇게 편리하고 신기한 기기들을 어떤 목적으로 사용하느냐 하는 것이다. 선용하여 공동의 선한 목표를 성취하는 데 기여한다면 얼마나 좋겠는가. 그렇지 못할 때의 폐해를 생각하면 두려운 생각이 든다. 중동지방에서 재스민 혁명이 일어나 수십 년 동안 지속되어 온 독재정부들이 연달아 무너지고 있는 현상 이면에는 소위 SNS(social network service)의 역할이 숨어 있다는 것은 널리 알려진 사실이다.

한국의 평범한 한 가수가 말춤을 추면서 노래하는 장면이

유튜브(youtube)를 통하여 7억여 명의 세계인들에게 폭발적인 인기를 끌게 된 기적적인 일도 인터넷이나 스마트 폰과 같은 디지털 기기의 위력을 입증하고 있다.

그동안 나는 바람처럼 떠도는 사회현상들에 가벼이 휩쓸리는 것은 지식인으로서의 할 짓이 아니라고 생각하면서, 되도록 진중하게 살려고 노력하여 왔다. 소위 유행을 추종하기에 급급한 세속적 생활양식에 쉽게 흔들리지 않고, 가능한 한 전통을 중시하면서 내 방식대로 살려는 고집을 부려왔던 것이다.

그러나 그러한 생활태도가 현대사회에서 꼭 바람직한 것인가는 의문이다. 적어도 지난 세기와 같은 사회 환경에서는 현명한 처세철학이거니 생각했었다. 이제 현기증이 날 정도의 속도로 변모되고 있는 21세기의 스마트한 세상을 보면서 지난 세기의 자세를 허물지 못하는 것은 스마트하지 못한 일이 아닌가 하는 내 스스로의 변명에 사로잡혀 있다.

표류하는 삶

큰애가 '이번 연휴에 부모님의 고향과 유년 시절의 추억이 어린 곳을 답사해 보자.'는 제안을 해 온 것은 추석 한 달 전이었다.

뜻은 좋지만 귀찮은 생각도 들어서 처음에는 망설였다. 그러나 시간이 지나고 우리들이 더 노쇠해지면 그런 일을 하고 싶어도 할 수 없을 것 같아서 결국은 고맙게 따라나서기로 하였다. '큰아들이라 생각이 다르구나.' 기특하게 생각하면서. 이

왕이면 아이들이 모두 함께 가면 좋겠다 싶었지만 딸애는 그 애대로 시댁 절차에 맞춰야 할 것이고, 둘째는 때맞춰 국제행사 준비로 얼굴조차 볼 수 없게 되었다.

고향이라고 해도 어른들은 거의 이승을 떠났으니 앞으로는 찾을 일도 차츰 없어질 것이다. 우리는 이번 여행을 뿌리를 찾는 여행이라고 이름을 붙였다.

입대하여 병영생활을 할 때처럼 불가피한 일에 얽매였을 경우를 제외하고는 명절을 타지에서 보낸 적이 없었다. 특별한 생활신조 같은 것이 있어서가 아니다. 명절을 내 집에서 가족과 함께 보내야 한다는 사고방식을 나도 자연스럽게 받아들이고 있었기 때문일 것이다.

그런데 이번 추석은 집을 떠나 엉뚱한 타지의 콘도미니엄과 친척집에서 보냈으니 큰 파격인 셈이다. 그동안 국내외의 여러 관광지에서 명절을 쇠는 이들이 증가되고 있는 현상을 못내 달갑지 않게 생각했었는데, 어느새 나도 시류를 따라 변해가고 있구나 싶었다.

닷새 동안 쓰기로 하고 12인승 봉고차를 빌렸다고 했다. 두 집 식구들이 함께 얘기를 나누면서 달리기 때문인지 귀향 차들로 붐비는 고속도로의 정체쯤이야 서너 시간 정도 견딜 만했다.

둥그렇게 중천에 떠오르는 달을 보면서 손자, 손녀의 손을 잡고 낯선 거리를 한가로이 걷는 재미는 특별하였다. 그렇지만 불편한 점이 더 많았다. 이름 있는 음식점을 찾아 여기저기 기웃거려도 거의 문을 닫아서 어색한 길손으로 거리를 헤매기도 하였다. 맛보고 싶었던 토속 음식은 고사하고, 어쩌다 손님을 맞는 가족 중심의 식당에서 선택의 여지도 없이 주는 대로 사먹을 수밖에 없었다.

이젠 돈 벌기 위해 남들 다 쉬는 명절날 가게 문을 열어놓는 집들이 흔치 않을 만큼 우리 생활에 여유가 생긴 것이다. 명절날 국내 나들이할 때는 자급자족할 준비를 갖추고 떠나는 게 상식이라는 걸 새로 알았다. 휴게소 벤치에서 준비해온 명절 음식을 나누어 먹는 사람들의 여유로운 모습과 즉석라면이라도 사먹기 위해 자리다툼을 벌이고 있는 우리 모습은 너무나 대조적이었다.

홀로 계시던 어머니가 돌아가신 후, 비워둔 건물만 덩그렇게 낡아가고 있는 고향집. 임자 잃은 안뜰에는 무성한 잡초가

어지럽고, 외롭게 서 있는 감나무는 잎을 다 떨어뜨린 채 매달린 감 무게를 지탱하느라 힘겹게 늘어져 있었다.

비좁던 마을 진입도로는 넓게 확장되어 있고, 허술한 목조가옥들은 깔끔한 양옥이나 기와집들로 바뀌었다. 남루하던 마을이 새로워졌는데도 어쩐지 내 마음은 소중한 것들을 잃어버린 듯 더 허전하고 쓸쓸하였다.

풍물패 소리도, 줄다리기나 씨름경기를 알리는 마을 이장의 목쉰 방송 소리도 들리지 않았다. 고샅에서 뛰놀던 아이들 소리, 명절 아침 가양주에 설취한 호주가의 육자배기 소리도 없었다. 거리엔 사람들의 발걸음조차 뜸하고 대낮의 고요와 정적만 감돌고 있었다.

맨 처음 찾아 나선 곳은 초등학교였다. 삼사 칸 목조건물이었을 텐데, 지금은 어엿한 슬래브 건물로 바뀌었고, 좁은 운동장 한편에는 철봉이며 평균대 등이 잘 정돈되어 있었다. 내가 2회 졸업생이니, 아마 금년엔 60몇 회쯤의 졸업생이 배출되리라. 10여 년 전 재적학생의 급속한 감소로 인하여 폐교 문제가 논의되고 있었을 때, 주민들의 강력한 반대운동이 야기되었고, 졸업생인 나도 반대서명에 동참했던 생각이 난다. 지금은 재학생 수가 얼마나 되는지 알 수 없으나 아직 존속되고 있다는 사실만으로도 다행이라는 생각이 들었다.

조부모님과 외조부모님 묘소, 아이들은 기억하지 못할 6대조 윗분들의 묘소에서 어린것들을 세워놓고 묵상하였다.

우리 마을에서 12km나 떨어져 있는 읍내의 중학교는 크게 변하지 않았지만 고등학교가 따로 분리되어 나가고 중학교만 그 자리에 남아 있었다. 하숙이나 자취를 하기도 하고, 자전거 통학을 하기도 하였던 가난한 시절의 애환들을 회상하고 있는 동안 아들은 내 모습을 영상으로 남기려고 애쓰고 있었다.

4박 5일이라는 짧지 않은 기간, 익숙하지 않은 길을 운전하기에도 지쳤을 것이다. 처음 계획에는 나와 제 어머니의 성장지인 장흥과 군산만 가기로 했는데 굳이 우리가 결혼하여 처음 살던 전주, 저희들이 태어난 집들도 둘러보자고 우겼다. 시골과는 달리 변화가 빨라서인지 완산동에서 태평동까지 오래도록 헤맸으나 옛날의 자취는 거의 찾아볼 수 없었다.

"여기서 네가 태어났어. 이 골목에서 세발자전거를 타고 놀았지."

그렇게 말하면서도 골목은 좁고 집들은 납작하였으며 무성하던 탱자나무 울타리도 없어져서 이곳이 정말 그곳인지 의심스러웠다.

이번에는 겨우 유년과 청소년 시절의 자취만 돌아본 셈이다. 중년 이후 퇴직 때까지 30년 가까이 살았던 광주의 흔적, 창창한 청년시절의 서울 흔적들은 또 언제 돌아보자고 할 것인지, 이제는 내가 제안을 해야 할 것 같다.

'인생일장춘몽'이라더니, 되돌아보는 한생애가 마치 하룻밤 꿈과 같다는 옛말은 과장된 표현이 아니다. 마치 꿈속에서 깨어난 것처럼 주변 환경은 딴 세상처럼 변해 있었다. 그동안 한군데 정착하여 오래오래 살지 못하고, 여러 곳을 유랑해 온 느낌이 든다. 이젠 마지막 뿌리를 내려야 할 때가 다가오고 있다. 그러나 영원히 정착할 곳, 진정한 안식처는 어딘지. 그곳에 이를 때까지 우리는 계속 표류하게 될 것인가?

제2부

들꽃처럼

명함

지금까지 나는 명함의 필요성을 크게 느끼지 못하고 살았다. 처음 만나는 사람들이 명함을 건네주면서 내 눈치를 살피면 나도 함께 건네지 못하는 것이 다소 미안하다. 그러나 이제 와서 새 명함을 만들고 싶은 마음은 없었다.

그런데 엊그제 내 명함을 한 통 건네받았다. 거기 새겨진 직함은 '강남문인협회 부회장'이었다. 고맙기도 하고 쑥스럽기도 하고 미안하기도 하였다. 50대에는 단과대학 학장이어서,

60대에는 종합대학 부총장이어서, 행정처에서 만들어 준 것을 받았는데 이번까지 치면 세 번째가 되는 셈이다.

그동안 서울시 25개 구의 문인협회 가운데 두세 군데는 한국문인협회에 가입하지 않은 문인단체로 있었던 모양인데 강남구 문인협회도 그중의 하나였다고 한다. 그런데 바로 직전 회장이 취임하면서 한국문인협회에 가입을 결행하게 되었고, 그 분위기를 이어받은 이번 신임회장 체제에서 새로 구성된 임원명단에 내 이름도 끼어들어서 새 명함이 생기게 된 것이다. 문인협회의 운영에 있어서도 유형 무형의 사업을 추진해 가는 데에는 자치단체의 협력이 필요하다. 회원들의 회비로만 사업을 추진하기 어려운 일들도 많기 때문이다. 유관 기관에 얼굴을 내밀고 협조를 요청할 때에 명함은 구색을 갖추는 하나의 요건이 될 것이다.

처음 수인사를 하면서 상대편에게 유연한 몸짓으로 명함을 제시해야 하는데 나는 그런 일에 미숙하다. 상대편에게서 먼저 받은 후에야 내 명함을 찾아 내미는 식이니, 내 의식 가운데 필수품으로서의 명함의 존재는 없는지도 모르겠다. 직책에 관한 소명의식이 희박해서인지, 아니면 상대편을 배려하는 마음이 부족해서인지, 또는 명함의 효용가치를 제대로 인식하지 못하고 있기 때문인지 어느 쪽인지 모르겠다. 임기를 마친 후면 번번이 아직 사용하지 못한 명함들이 그대로 남아 있어서 뒹굴어 다니곤 하였다. 아마 이번이라고 크게 달라질 것 같지는 않다.

오래전 얘기지만 어떤 동료 교수가 명함에다 수많은 직함을 올렸는데 주거하고 있는 자기 아파트 동棟 대표라는 것까지 새긴 명함을 주변 사람들에게 돌린 일이 있었고, 그것이 웃음거리가 되기도 했었다. 어떤 명함은 '국회의원 차점으로 낙선'이라는 말까지 넣고, 깨알보다 작은 글씨로 사소한 일들까지 기록하여 오히려 체신머리가 없어 보이기도 한다.

그래도 정치를 하거나 사업을 하거나 또는 회사의 홍보업무를 맡고 있는 사람들은 명함을 내미는 것이 어색하지 않지만, 나처럼 사업이나 사교와 거리가 먼 사람에겐 명함이 개 귀에 방울이나 다름없다고 생각해 왔다.

내가 일상적으로 대하는 사람들은 대개 비슷한 사람들이고, 혹시 뜻밖의 사람들을 만날지라도 '내가 이런 사람입네.'라고 알려야 할 일도 별로 없기 때문이다. 그러나 한편 생각하면,

서로 주고받지 않고 홀로 받기만 하는 것도 미숙한 태도거나 혹은 오만한 태도로 보일 수도 있을 것이다.

우리 집 명함 상자에 넘치는 수많은 명함들, 그것들이 항시 효용가치를 가지는 것은 아니다. 명함에 기록된 신분이나 직함이나 전화번호가 수시로 바뀌기도 한다. 그래서 '명함을 가지고 나오지 않아서'라든가, '옷을 바꿔 입고 나와서'라는 등 궁색한 변명으로 난처한 때를 모면하기도 하였다.

이러한 나의 처세 방법은 혹시 나약한 자의식으로부터 비롯된 것이 아닌지 모르겠다. 되돌아보면, 나는 늘 근신하는 사람처럼 살아왔다. 부족한 것을 더 채우려 애쓰기보다 지금 지니고 있는 것을 지키고 유지하려는 데 더 마음을 써왔던 것 같다. 마음으로는 적극적, 진취적으로 살자고 다짐하면서도 행동은 늘 소극적 수용적 상태에 머물러 있곤 했을 것이다.

사실 미래 세계에서는 명함도 구시대의 유물이 될 것이다. 최근에 구입한 내 핸드폰에서는 자꾸 편리한 google의 앱을 사용하라고 채근하기에 따라가 봤더니 무엇이든지 우리말로 물어보면 대답해준다는 것이다. 말로 메일을 보내고 검색을 명령할 수도 있다는 것이다. 문자를 입력하는 수고나 시간까지도 절약해 주겠다는 말이다.

그러면 내 성명과 직함에 따르는 책임과 위신, 인격까지도 알파고 같은 것들이 지켜줄 수 있을까? 빨리 달리는 길보다 쉬엄쉬엄 걷는 길이 더 평화롭고, 조금 불편하더라도 정감 있게 사는 것이 더 행복한 삶이 아닐까?

그래도 앞으로 얼마 동안은 명함의 효용가치가 있을 터이니 충실하게 지녀야겠다. 이번만은 새로 만나는 사람들에게 부지런히 명함을 내밀어, 전처럼 남아서 버리는 일이 없도록 해야 하겠다.

아마 혹여 네 번째 명함을 만드는 일이 생긴다면, 이번에는 내 손으로 만들어야 하지 않을까 싶다. 아무런 소속도 직함도 없이 이름과 전화번호와 이메일 주소만 단정하게 적힌 명함을 내밀면서 '저를 기억해 주세요!'라고 말하듯이 정중히 내밀 것이다.

어여

'어여'란 말은 부사 '어서'의 방언이다. '어서 가자.', '어서 오너라.'처럼 동사 앞에서 행동을 독려하는 뜻으로 쓰인다.

주로 충청도에서 많이 쓰지만 경상도와 전라도 일부 지역에서도 쓰고 있다. 이 단어는 『월인석보』(月印釋譜, AD. 1459)에 '어셔'의 형태로 처음 나오고 있는데, '어셔'가 '어서'로 단모음화되어 현대의 표준말로 정착된 것으로 보인다. 그런데 '어여'는 '어셔'의 ㅅ음이 반치음 ㅿ으로 변하였다가 탈락되어 '어여'로 굳어져 방언으로 전해지고 있는 말일 것이다.

그러므로 '어서'와 '어여'는 마치 일란성 쌍둥이인 듯, 그 근원은 동일하면서도 그 하나는 표준말로, 다른 하나는 사투리로 구분되어서 이제 서로 각기 다른 대접을 받고 있다.

돌아가신 우리 외할머니와 장모님께서는 이 '어여'를 자주 쓰셨다. 이 말을 들을 때면 나는 지금도 가슴에 잔잔한 감동의 파동을 느끼곤 한다. 이런 감정의 근원은 아마도 내 유년기의 외할머니와 청장년기의 장모님에게 받은 사랑의 무게, 사랑의 빚에 근거하고 있는 것일지도 모른다.

유년 시절부터 유난히 감정이 여렸던 나를 언제나 따사로운 가슴에 안아주시고, 어머니에게서 채우지 못했던 목마름을 넘치도록 채워주신 분이 외할머니셨다. 아버지의 몫까지 감당하기에 항상 힘겨워하시던 어머니를 대신하여 외할머니는 그림자처럼 티도 없이 나를 도와주셨던 것이다.

그래서 나는 어머니보다 외할머니를 더 좋아하였고, 그분의 체취와 사랑에 탐닉하여 유년기와 소년기를 탈 없이 보낼 수 있었다.

결혼 후 부부교사로 눈코 뜰 새 없이 살고 있던 우리 살림살이를 도와주시고, 삼남매를 거두어 주신 장모님 은덕으로 우리 부부는 어려움 없이 성장할 수 있었다. 내가 외할머니 사랑으로 자란 것처럼 우리 아이들도 외할머니 사랑으로 건전하게 자랄 수 있었던 것이다.

장모님이 외손들을 자애 넘친 표정으로 달래고 어루더듬으시며 "어여 먹어라, 응?", "어여 자거라!"라 말씀하시던 그 모습 속에서 나는 내 유년기의 행복과 안정감을 발견할 수 있었다.

이러한 우리 가족사의 이면에 잠재되어 있는 사연 때문인지 나는 '어서'라는 표준말보다 '어여'라는 사투리를 더 좋아한다. '어서'에서는 강한 지시와 명령과 제약의 어감을 느끼는 반면에, '어여'에서는 권면과 포용 같은 안온한 감정과 잔잔한 파동을 느끼게 된다. 그러나 내 자신은 '어여'처럼 부드러운 말로 자녀들을 대하지 못했다. 제자들에게도 역시 마찬가지였다. 일상 사용하는 말에 교양과 지식과 품위를 담는 일도 물론 중요하다. 그러나 그보다 따뜻한 정과 진실을 담는 것도 그에 못지않게 중요할 것이다.

빚을 갚아야 할 때

해마다 5월이면 그리워지는 사람들이 있다. 그중에는 만날 수 있는 사람도 만날 수 없는 사람도 있지만 늘 마음이 다급해진다.

먼저 정용철 목사님을 더 늦기 전에 만나고 싶다. 그분은 학교에서 가르친 선생님은 아니었지만 진정한 내 인생의 안내자요 스승이었다.

대학교에 진학도 어렵던 형편에 어찌어찌하다가 대학원 석사과정에 다니고 있을 때였다.

조그만 사글세방을 얻어 들어간 곳이 기독교장로회 신암교회가 가까운 단독주택이었다. 나는 당시 신앙심이 별로 정립되지 않았을 때였는데 그 교회에 등록을 하고 새벽기도회까지 열심히 다녔었다. 정 목사님의 설교에 심취되어 있기도 했지만, 암담하던 눈앞의 현실에 의지할 곳을 만나 매달리고 싶었기 때문이었을 것이다.

대학원 지도교수인 L 교수의 추천으로 출판사에 근무를 하면서 공부하고 있었지만 검인정교과서 간행에 전력투구를 하였던 출판사는 경영난에 시달리면서 내일이 어찌될지 모를 형편이었다. 아니나 다를까 입사동기생 몇 사람이 한꺼번에 잘리는 소동이 일어났고 나도 거기 끼여 있었다. 학과 주임교수의 강권으로 대학원 입학은 하였으나 앞길이 막막하였다.

대학 4년 동안 졸업할 때까지 입대를 연기해 오던 터라, 대학원에 휴학계를 내고 자원입대를 하였다. 직장마다 병역 미필자는 가차 없이 쫓아내던 삼엄한 때여서 그것이 시급히 선결해야 할 방책이기도 했던 것이다. 입대를 하고 보니 나보다 어린 후배들이 선임자의 자리에 있는가 하면 3년 선배와 한

소대에 배치되어 있기도 했다.

늦깎이 신병에 학벌까지 높으니 어린 선임자들에게 이유도 없이 시달리는 것은 말할 것도 없고, 어느 세월에 군복무를 마치고 자유로운 사회활동을 할 수 있을 것인지 한심스럽고 막막한 마음이 나를 더 절망으로 내몰았던 것 같다.

나는 그런 마음을 담아 정 목사님께 자주 편지를 보냈었다. 목사님은 언제나 따뜻한 희망을 담아 답장을 주시곤 했는데, 제대 후 나중에 들으니, 북한군 방송이 바로 이웃처럼 들리는 전방의 먼 산길을 걸어 민간인 교회에 열심히 출석하면서 소망을 잃지 않았던 나를 두고 여러 차례 설교까지 하셨다고 하였다.

병역의무를 마친 것은 1964년 연말쯤이었다. 입대 후 바로 의가사제대를 신청해 두기는 했지만 아무런 기미도 보이지 않아서 거의 포기상태에 있던 때였다. 늦은 나이에 육군 졸병으로 치를 고생은 거의 다 겪어보았으니 무서울 것이 없었다. 그 어떤 난관이라도 맨주먹으로 맞설 수 있는 자신과 용기가 있었다.

그러나 오라는 데는 아무데도 없고, 이력서를 내 볼 만한 곳조차 눈에 띄지 않았다. 그러던 중 신문 광고란에 가로 2센티 세로 5센티 가량의 조그마한 모집광고가 났었다. 부산에 있는 어떤 중학교의 교사채용 광고였다. 망설이고 어쩔 것도 없이 급히 이력서를 우송한 후 시험 날짜에 대갔더니, 응시자들이 학교 운동장에 구름떼처럼 모여 있었다. 1차 시험 합격자 여섯 명 중에 끼여 있었지만 별로 기쁘지가 않았다. 앞으로 거칠 시험이 면접시험 말고도 많을 것이라는 소문 때문이었다.

2차 시험까지 치른 후의 느낌은 오히려 암담하였다. 결코 내 차례까지 오지 않을 것 같았다. 경상도의 자신만만한 억양 속에 이질적인 전라도의 투박한 어투가 용납될까 하는 것이었고, 합격이 되더라도 학교에서 후원금을 요구할 것이라고 숙덕이는 말이 자신감을 빼앗아버렸던 것이다. 예상은 빗나가지 않았다. 나는 낙방하였다.

학교마다 신학년도 개학 날짜는 다가오고 갈 데는 없어서 애를 태우고 있을 때, 경기도 조그마한 중학교에서 낸 교사채용 광고가 내 눈을 번쩍 뜨게 하였다. 그런데 구비서류에 수세증(세례자 증명)을 첨부하라는 조건이 있었다. 나는 당시 교회만 다녔을 뿐 세례를 받지 못한 처지였다. 혼자서 고민하던 끝에 정 목사님께 털어놓았더니 수세증명서 대신 추천서를 써 주겠다고 하셨다.

추천서는 수세증명서의 내용을 열 배나 능가하고도 남을 만했다. 수세증명서는 그야말로 세례를 받았다는 공식적인 증명서에 불과하지만 추천서는 나를 천거하여 들어올리는 칭찬의 말로 적혀 있었기 때문이다. 정 목사님은 그동안 눈여겨 보아 오신 나의 태도와 사람됨의 면모, 성격적인 장점을 자세히 적고 세례는 다음 기회에 받게 될 것이라고 덧붙이셨다.

내가 가진 유일한 자격증, 중등학교 국어과 2급 준교사 자격증으로 S대학, Y대학 응시자들을 누르고 교사 채용시험에 합격하였던 것이다. 정 목사님의 추천서 덕분이었음은 말할 것도 없다.

정 목사님은 당시 개신교계에서 존경받던 목자로 알려져 있었으며, 젊은이들의 신앙의 지도는 물론 교회의 운영에도 흠잡을 데 없이 모범적인 교역자셨다. 특히 성경강해 시간에는 해박한 식견과 깊이 있는 천착으로 교인들의 신앙심에 울림을 주었다. 부드럽고 온화한 성격은 신도들의 절대적 존경을 받기에 충분하였다. 나는 당시 그저 다니기 편한 곳에 있어서 다녔던 것이다. 그분이 그토록 유능하고 훌륭한 목회자로 존경을 받는 분이라는 것을 알지 못했다. 목사님의 절절한 기도문은 마치 솔로몬의 시편처럼 깊은 울림을 주어서 여러 편이 찬송가로 작곡되어 있다.

나는 물론 목사님의 주례로 결혼식을 하였다. 찬양대가 부르는 축하의 합창이 아름다우면서도 엄숙하였던 것을 잊지 못한다. 예식이 끝난 다음 신부신랑을 출구에 세우고 하객들 한 사람 한 사람의 눈을 마주보면서 악수를 하게 한 것은 목사님이 시키신 멋진 일이었다. 결혼식 전 과정을 녹음을 하게 한 것도 당시에는 생각하지 못했던 일이다.

그러나 우리는 그때 매우 가난하였고 또 아무 생각도 나지 않아서 목사님께 제대로 인사도 하지 못했다. 결혼 후에는 전주로 거주지를 옮겼기 때문에 또 그것이 좋은 핑계가 되어 목사님과 자주 연락을 하지 못했다. 생각할수록 죄송하고 부끄럽다.

잡초에 관한 변설

'잡'이라는 글자가 붙으면 별것 아니라는 것, 별것 아니기 때문에 대접을 하지 않아도 괜찮다는 의미가 된다. 잡문, 잡동사니, 잡놈, 잡식. 잡념 등등.

풀도 이름을 모르면 싸잡아서 '잡초'라고 한다. 이름을 모른다는 것은 관심이 없다는 것인데 농사를 짓는 이들이나 식물학자들은 나 같이 무심한 사람을 무식하다고 할 것이다. 풀이라고는 하지만 나름대로 고운 꽃까지 피우는데 잡초라고 불리니 억울할 것이다.

오래 내박쳐 둔 밭뙈기가 있는데 그냥 둘 수 없어서 가보았더니 잡초들만 허리춤까지 우거져 남들이 무어라 할까 부끄럽기도 하고 심란하기도 하였다. 그러나 이것들을 어떻게 없앨 것인가 엄두가 나지 않아서 손에 잡히는 대로 낫을 휘둘러 베어버리기도 하고 뿌리째 뽑아서 내던지기도 하였다. 그중에는 개똥쑥도 있고, 민들레 · 망초 · 개망초 · 엉겅퀴 따위도 뒤엉켜 있었다.

민들레는 이미 꽃이 지고 씨앗이 맺혀 있는데 마치 솜 같은 깃털을 펴고 바람에 날아오르는 모양이 가관이었다. 그들이 다른 곳에 피어 있었다면, 나는 아마 아름다운 풍경을 감상하는 사람처럼 찬탄했을 것이다.

문득 언젠가 버스를 타고 달리면서 구경했던 민들레 군락지와 개망초 군락지를 떠올렸다. 그 땅의 임자는 포기하고 버려둔 것일까? 지나가는 사람들 구경이나 하라고 일부러 내놓은 것은 아닐 것이다. 내가 그랬듯이 다른 사람들도 민들레와 개망초꽃을 감탄하며 바라봤을 것 같다.

내 땅에서 자란 것은 잡초이고 남의 땅에서 자란 것은 풍경이 된다는 것은 가치전도價値顚倒며 모순일 것이다. 그렇지만 그 씨앗이 내년에 또다시 우리 밭에 뿌리를 내리고 영역을 넓히리라 생각하니 기가 막혔다.

제비꽃은 햇볕도 잘 들지 않은 땅바닥에 엎드리다시피 피어 있었다. 그 모양이 너무 앙증맞고 색이 고와서 차마 베어버리지도 뽑아버리지도 못하였다.

개똥쑥은 민들레와 개망초 사이에서 자라서인지 덩달아 키가 우뚝 솟아 있었다. 요즈음은 성인병에 좋다 하고 한약재로서도 가치를 인정받고 있어서 버리기 아까웠다. 정성을 들여서 재배하려고 씨를 뿌린 것들은 잘 자라지 못하는데 심지도 않고 뿌리지도 않은 것들은 왜 이렇게 무성할까. 어떻게든 해보려고 열성을 다하는 일들은 제대로 되지 않고 뜬금없는 일들이 터져서 사람을 귀찮게 하는 것 같다.

사람들이 뒤엉켜 사는 이 세상일들은 어쩌면 내 뜻대로 되는 것보다 안 되는 일들이 더 많은 것 같다. 나는 명분과 명예를 중시하는데 상대편은 실속과 실리를 중시하는가 하면, 나는 먼 앞날을 생각하는데 그는 바로 눈앞의 현실을 더 생각하기도 한다. 나는 정의라 믿는데 그는 불의라 생각하고, 나는 정도正道라 판단하는데 그는 비도非道라 비난한다.

이렇게 서로 지향하는 목표나 목적이 다르고 중시하는 가치 기준이 다르기 때문에 서로 부딪치고 다투기 마련일 것이다.

내가 뽑아 없애버리려고 하는 저 잡초들 중엔 남들이 중시하는 쑥이나 씀바귀나 인동초 같은 것들이 들어 있다. 남들이 중시하는 약초와 나물들을 나는 함부로 싸잡아 '잡초'라 부르고 제거하려는 것이다. 그러나 어쩌랴, 그것들은 내가 바라는 바가 아닌 것을.

보리밭에 밀이 나거나, 밀밭에 보리가 나도 잡초로 취급되는 것은 한가지이다. 경작자의 목적과 의도에서 벗어나는 것은 잡초로 취급되어 제거 대상이 되는 것이다. 생명을 창조하신 창조주는 모든 생명체의 존재가치를 중시하고 서로 어울려 사는 것을 근본이념으로 하였을 것이다. 그러나 만물의 영장이라 자처하는 인간은 자기영역을 주관하는 데서 절대자로서의 권능을 행사하고 있으니, 이를 약육강식의 자연이법이라 할 것인지 강자의 폭거라 해야 할 것인지 모르겠다.

지루하게 내리고 있는 장마철 비 때문에 전혀 돌아보지 못한 밭에는 지금쯤 잡초들이 또 그 왕성한 생명력으로 자라나 나를 압도하려 들 것이다.

고구마

고구마는 감자와 더불어 대표적인 구황식품이다. 둘 다 어지간한 기후 조건에서도 생육이 잘되고 양분도 비슷하다. 감자는 한랭한 기후에서 잘 자라서 '북감자'라 부르기도 하지만 고구마는 온난한 지역에서 잘 자라는 식물이다. 감자는 줄기가 변하여 씨알이 되는 줄기식물인데, 고구마는 뿌리가 변하여 씨알이 되는 뿌리식물이다.

서양에서도 Potato와 Sweet Potato로, 단맛이 나느냐 그렇지 않느냐로 감자와 고구마를 구분하는 걸 보면 생태는 달라도 같은 종류인 게 틀림없다.

나는 남도 태생이기 때문에 어려서부터 고구마를 많이 먹고 자랐으나 감자를 접할 기회는 많지 않았다. 그래서 감자로 만든 음식은 귀하고 맛있는 음식으로 느껴지지만, 고구마는 뜨악하여 별로 당기지 않는다.

나의 유소년 시절엔 유난히 살기가 어려웠다. 가뭄이 들거나 홍수가 나면 거의 예외 없이 흉년이 들었다. 취사와 난방을 땔나무나 숯으로 했기 때문에 숲들은 날로 황폐화되어서 산들은 거의 민둥산으로 변해 갔다. 마치 지금의 북한이나 아프리카의 산야 같았다.

가뭄이 들면 모든 농지와 산들이 타들어가 식수조차 해결하기 어려웠고, 거북등처럼 갈라진 논바닥이 신문지면에 커다랗게 보도되기도 하였다. 그러다가 비가 내리기 시작하면 으레 홍수가 났다. 한강 · 낙동강 · 영산강 등 크고 작은 강물들이 범람하여 전답과 가재도구는 물론 사람과 가축들마저 홍수에 휩쓸려버리는 고난이 연례행사처럼 계속되었었다. 물을 가두어 둘 변변한 호수나 저수지가 모자랐던 것이다. 그리고 여름

마다 태풍이 한두 차례 휩고 지나갔다.

흉년이 들어 입에 풀칠조차 할 수 없던 가난한 백성들은 먹고 살 방도를 찾아 헤매다가 더러 굶어 죽기도 하고, 걸인이 되어 유랑생활을 하기도 하였다. 정부엔 재난을 당한 백성들을 구제할 여력이 없었고, 유니세프(UNICEF)와 같은 국제적 기구의 도움으로 근근이 목숨을 이어가는 소수의 사람들이 있었으나 가난을 원천적으로 해결할 수는 없었다. 그야말로 "가난은 나라도 구제하지 못한다."는 속담 그대로였다.

아침저녁 식사 때에는 예외 없이 밥 달라고 찾아오는 사람들이 몇 차례 다녀가곤 하였다. 한 해 중에 가장 살기가 어려웠던 때는 지난해의 곡식이 이미 바닥나고 아직 보리 이삭은 추수할 수 없는 때, 바로 춘궁기 혹은 '보릿고개'라 불리던 시기였다.

이런 때 식량을 대신해 연명할 수 있게 한 구황식품救荒食品 중 하나가 고구마이다. 지금 나이 70대 이상의 어른들은 아마 거의 이렇게 가난하던 시대를 겪었을 것이다.

요즘 애들은 보릿고개라고 하면 걸어서 넘어갈 수 있는 추풍령고개나 아리랑고개로 생각하고, 식량이 없으면 라면을 끓여 먹으면 되지 않느냐고 한단다. 그들의 반응에 실소하면서도 "다행스러운 일이다. 저애들에게까지 보릿고개를 물려주었다면 얼마나 큰 비극이 될 뻔했는가!" 생각하게 된다. 배고픔을 대물림하지 않았다는 것은 기성세대의 큰 공적일 것이다.

요즈음 성인병 환자와 더불어 비만 인구가 날로 늘어나서 음식물에 관한 관심이 증폭되고 있는데, 과거 구황식품들 가운데 고구마가 바야흐로 각광을 받고 있다. 몇 주 전 미국 공익과학센터에서 'Best Food 10'을 발표했는데 맨 첫 번째 오른 것이 고구마다. 고구마를 껍질째 먹으면 각종 암을 예방할 수 있고, 위염, 위궤양, 알레르기 비염, 변비 등도 치료할 수 있다고 하였다.

옛날 남도지방에선 고구마를 밭에서 캐 들이면, 안방 윗목에 원통형 고구마 저장고를 만들었다. 대나무 조각을 잇대어 둥그렇게 만들고 거기에 짚방석이나 가마니 조각을 붙여 놓고 그 안에 고구마를 가득 채워 두었었다. 이렇게 저장해 둔 고구마는 겨우내 식량 대용식으로 대접을 받았다.

가끔은 보리를 많이 섞은 잡곡밥도 있었지만 고구마밥이 태반이었고, 점심때는 아예 고구마로만 때우는 것도 예사였다.

할머니는 찐 고구마를 잘게 썰어서 여러 날 햇볕에 말려 두었다가 타지로 공부하러 가는 나의 짐 속에 넣어주곤 하셨다.

고구마밥을 먹으면 귀찮은 것이 방귀였다. 시도 때도 없이 방귀가 잦았으나, 그 요란한 소리와는 달리 고약한 냄새는 별로 없었다. 방귀 소리를 죽이려고 발걸음을 늦추고 괄약근에 아무리 힘을 주며 걸어도 실수하기 예사였다. 큰 것 한 방으로 끝낼 것을, 잘못하면 새끼방귀를 숱하게 쏟아내는 희극을 연출하기도 하였던 것이다.

그토록 흔하던 고구마가 요즘은 비싼 장수식품으로 우대를 받고 있으니, 시절이 많이 변한 것이다. 그러나 아직도 내게는 그리 귀한 것으로 다가오지 않는 것은 옛날의 기억이 너무 깊이 각인되어 있기 때문일 것이다. 한편 생각해 보면 여태까지 내가 비실대고 살면서도 아직 큰 병에 걸리지 않고 버티고 있는 것은 어렸을 때 지겹도록 먹어둔 고구마의 효험 때문이 아닌지 모르겠다.

들꽃처럼

단비가 흠뻑 내린 날이다. 경비실 쪽으로 달려간다. 혹여 간밤에 내린 비에 휩쓸렸을까 녀석의 안부가 궁금해서다. 화단 귀퉁이에 오종종 피어 나의 오감을 일깨운 들꽃들. 비를 머금은 제비꽃은 참으로 청초하다. 물기로 꽃잎의 빛깔이 더욱 곱고 찬란하다.

제비꽃은 도통 환경을 탓하지 않는다. 대부분 양지바른 곳 척박한 땅에 피는 들꽃이다. 햇빛과 흙이 있다면 잘 자란다.

척박한 도로 경계석 돌 틈과 절벽 틈새에서도 자라니 생명력이 강한 꽃이다. 나의 시선을 사로잡은 들꽃은 그나마 보금자리가 좋은 편이다. 얼마 전 경비원이 잔디밭을 가꾸다 군락을 이룬 제비꽃을 모두 뽑아버리기가 아쉬워 화단에 옮겨 심은 것이다.

개체 수가 많은 꽃 중의 하나가 제비꽃이다. 지천으로 깔린 보랏빛 제비꽃 외에도 해발 500m 약간 높은 곳에서 자라는 노랑제비꽃, 흰 꽃에 이파리가 갈라진 남산제비꽃, 산과 들의 습기가 있는 땅에서 자라는 콩제비꽃, 잎이 초승달 모양인 반달콩제비꽃, 꽃과 이파리의 색깔이 비슷한 녹색남산제비꽃도 있다. 우리나라에 자생하는 제비꽃이 육십여 종이 넘어 모두 열거할 순 없지만, 녀석들은 종족을 보존하고자 교잡종이 쉽게 일어난다.

그리 보면, 제비꽃은 언제 어디서나 화합하길 좋아한다. 그 빛깔과 모습이 바뀌어도 개의치 않는 듯싶다. 요즘 나이와 국경이 없는 결혼관처럼 의식이 바뀌고 있다. 내 주위에도 베트남 여성과 결혼한 지인들이 여럿이다. 나라 간 문화 차이를 잘 극복하고 살아가는 가정이 있는가 하면, 주위에서 그들을 받아주질 않아 힘겨워하는 가정도 있다.

베트남 사업부로 파견된 사십 중반인 노총각은 그곳 여성과 결혼하여 아이까지 낳는다. 부인은 시어머니가 아프셔서 아이를 데리고 먼저 한국으로 들어온다. 그녀는 치매 걸린 시어머니를 내 부모처럼 지극정성으로 보살펴 주위의 칭찬이 자자하다. 얼마 전에는 이웃의 추천으로 자랑스러운 효부상도 받았다. 일 년 뒤에 남편도 귀국하여 온전한 가정을 꾸린다.

그런데 아이가 입학하며 문화적 차이로 고통을 겪는다. 같은 반 아이들이 엄마의 얼굴 생김새를 가지고 놀린다는 것이다. 아이는 학교에 엄마가 오는 걸 꺼려 바쁜 중에도 남편이 직접 학교를 찾는단다. 어디 그뿐이랴. 다문화 가정에서 문제점으로 드러나는 요인이 후진국 사람이라고 깔보는 경향과 남편의 가부장적 태도란다. 어찌 사람이 사람을 적대시하고 사람 위에 군림을 하려는가. 참으로 시대적 착오를 크게 범하는 사람들이 있다.

사진 속 녹색남산제비꽃이 사람들에게 너희 사랑은 고작 그 정도냐고 조롱하는 듯하다. 인간은 왜, 제비꽃처럼 살아갈 수 없는 것일까? 새로운 사람을 만나 이해와 배려는커녕 자신을 바꾸려는 노력조차 하지 않고, 일방적으로 그녀가 모든 걸 자신에게 맞추길 원하는가. 녹색남산제비꽃도 처음엔 남산제비꽃으로 태어났다. 이어 주변에 함께 자라던 다른 모습의 제비꽃과 사랑을 나누게 된다. 사랑이 깊어진 제비꽃은 이 년 뒤에 꽃의 색깔이 전혀 다른 모습으로 새롭게 태어난다. 녹색의 한 빛깔과 한몸으로 거듭난 것이다. 제비꽃의 생태 변화가 눈앞에 바로 그려지지는 않지만, 중요한 것은 많은 시간을 서로 보듬으며 새로 태어난 것이다.

작은 들꽃이 적응하는 삶의 섭리에서 사랑의 이치를 깨닫는다. 지인 부부도 환경이 전혀 다른 곳에서 살았던 사람들이다. 그녀가 우리와 다른 모습이라 낯설지라도 이웃은 적어도 서로에 대하여 알아보려는 노력과 최소한 알아 갈 시간이 필요하지 않나 싶다.

지구촌이란 말이 실감이 나는 시대다. 방금 일어난 사건이 실시간으로 전파되고, 어느 곳에서나 현장에 있는 것처럼 소식을 접한다. 시공간적 틈새가 좁혀질 대로 좁혀진 세계이다. 가까운 미래에는 그 시차가 점점 더 좁혀지리라. 그런데 지금도 어떤 나라에선 인종차별로 총질이 난무한다. 아니 보이지 않는 질시로 상처를 입은 이웃이 많다. 흑인과 백인, 내국인과 외국인, 사람과 사람 사이에 차별과 이방인 취급은 알 수 없는 일이다.

보금자리를 옮긴 제비꽃은 염려와 다르게 튼실하게 자란다. 참으로 기특한 녀석들이다. 자리 탓 한번 안 하고 참고 견뎌낸 결과가 아닐까 싶다. 들꽃처럼 다문화 가정을 바라보는 우리의 시선도 바뀌어야 한다. 나와 모습이 다르다고 손가락질할 것이 아니라, 서로에 대한 배려와 조력자로 끊임없는 응원이 필요하다. 녹색의 몸빛으로 하나가 된 제비꽃처럼 지구촌 사람도 하나라는 생각으로 다름을 인정하고 보듬는 지혜를 배워야 한다.

내 주위에 작은 들꽃을 가꾸는 이웃이 있어 행복하다. 나태주 시인은 이름 모르는 풀꽃도 "자세히 보아야 예쁘고", "자주 보아야 사랑스럽다"라고 하지 않던가. 척박한 땅에 사랑의 뿌리가 단단히 내릴 수 있도록 응원해 주어야 한다.

석양녘 산책길

양재천 가까이 살면서도 양재천이 가까이 있다는 생각을 하지 못했다. 나이가 들면서 자식과 가까이 있으면 의지가 될 것이라 생각했고, 딸도 간곡하게 권해서 어렵게 결심하여 이사해 왔다.

그러나 요즘 나는 딸보다 양재천과 훨씬 더 친하게 지내고 있는 셈이다. 베란다에서 내다보면 키가 큰 메타세쿼이아가 도열해 있고, 창문 너머로 대모산과 구룡산이 바로 눈앞으로

다가선다. 나는 문득 대도시 서울에 살지 않고 한적한 어느 교외에서 살고 있는 것 같은 느낌이 든다.

양재천 둑길은 서쪽 청계산 끝자락에서 시작되는 상류로부터 동쪽 탄천으로 연결되는 하류까지 길게 이어져 있다.

나는 영동 3교를 지나 산책길로 접어들기 전, 오늘은 동쪽으로 갈까 서쪽으로 갈까 잠시 망설인다. 그리고 방향이 결정되면 다시 둑의 맨 윗길과 중간 길 바닥 길 중에서 하나를 선택한다.

맨 윗길은 말 그대로 양재천 둑길이다. 길 양쪽으로 오래된 활엽수들이 터널을 이루고 있어 봄에는 꽃, 여름에는 녹음, 가을에는 단풍으로 아름다움을 과시한다. 중간 길은 냇물도 보이고 건너편 풍경까지도 보기 좋지만 둘이 나란히 걷기에는 좁다. 그리고 아랫길은 흐르는 냇물을 내려다보고 넓고 편편한 디딤돌을 밟는 기쁨도 있는데 자전거의 내왕에 마음이 쓰인다.

그러나 어느 쪽으로든 두어 시간 거닐다 오면 나는 마치 자연 속에 흠씬 젖었다가 온 듯한 충만감을 느낀다.

오늘은 아랫길을 걸었다. 영동4교 아래를 지나는데 어린애들의 왁자지껄하는 소리와 함께 웃음소리가 요란스러웠다. 논에 세워둔 허수아비 가족들을 보고 웃고 있었다. 선글라스를 쓰고 핸드백을 든 엄마, 넥타이를 매고 중절모를 쓴 아빠와 아이들. 허수아비들은 바람에 따라 흔들리고 있었다.

삭막한 도시에서 농촌의 자연환경을 만들어 놓고 유익한 체험을 하도록 유도한 관할 당국의 기획은 매우 좋은 아이디어라는 생각이 든다. 원하는 이들에게는 모심는 일이나 수확하는 일도 체험해 보도록 한단다.

참새 떼를 쫓기 위해 세워둔 저 허수아비들은 농촌생활을 모르는 어린이들에게 얼마나 재미있는 구경거리인가. 그것도 21세기 강남 스타일의 허수아비 모습이니 더 재미있을 것이다.

발걸음을 돌려 다시 걸었다. 산꼬리풀들이 맑은 하늘색으로 피어 있고, 익모초도 분홍색 꽃을 달고 있다. 천변을 산책하면서 나는 꽃 이름과 나무의 이름을 많이 알게 되었다. 아기똥풀꽃, 벌개미취, 여뀌꽃, 고마리꽃, 우슬초, 쥐꼬리망초도 다 양재천에서 알았다.

그리고 전에는 무심했던 동물들에 대해서도 관심을 가지게 되었다. 양재천에는 너구리들이 많이 살고 들고양이들도 많다. 시내에는 오리들이 놀고 잉어들도 자란다. 너구리나 들고양이 같은 동물들은 본성이 인간을 가까이하지 않는 것들인데, 양재천 길에서 자주 마주치는 이놈들은 사람을 무서워하지 않는다. 사람이 가까이 오는 기색을 눈치챘으련만 모르는 척 딴전을 피우다가 가까워지면 슬며시 숲 속으로 든다. 아무도 해치지 않으니 함께 살아갈 만한 이웃쯤으로 생각하는 모양이다.

"야생동물에 먹이를 주지 맙시다!"라는 표어를 처음 보았을 때는 이게 무슨 말인가 했었다. 야생은 야생다울 때 그 생명의 본성을 지킬 수 있음을 일깨우는 말일 것이다.

애완견을 끌고 나와 운동을 시키는 사람들이 많다. 강아지들은 대부분 토실토실하게 살이 쪄서 몸놀림이 힘들어 보인다. 가끔 유모차를 끌고 산책하는 여자들도 있는데 나는 그 안에 강아지가 타고 있는 줄을 몰랐다가 깜짝 놀랐다.

사람도 사람다울 때 본성을 지키고 본분을 다할 수 있다면, 강아지도 강아지답게 길러야 할 것이 아닐까. "야생동물에 먹이를 주지 맙시다!"란 말을 더욱 강조하고 싶다.

사람들의 발길이 뜸해지면 해오라기나 물오리 가족들도 자유로이 노닐고, 물속 고기들의 유영도 한결 빨라진다. 맹꽁이가 매미와 더불어 합창이라도 벌이는 날이면 서울의 강남이 아닌, 제비가 다녀온다는 머나먼 남쪽 어느 나라 강남땅인지 착각을 할 만하다.

양재천에서는 모든 동식물들이 타고난 제 본래의 성품을 그대로 지닌 채 서로 아름답게 조화를 이루면서 자기 나름의 삶을 영위해 가고 있는 것이다.

영동3교 아래에 마련된 공연무대에서는 5월부터 10월까지 금요음악회가 열린다. 금요일 밤마다 열리는 이 음악회는 오래 수련한 색소폰 연주자들이 공연을 하는데 제법 듣기 좋다. 나도 시간이 되면 감상자로 참여해서 그 흥겨운 분위기를 즐기곤 한다. 정해진 공연이 없는 날이면 이 무대에서 아마추어들의 재능 공연이 펼쳐진다. 혹은 노래 부르는 사람, 혹은 악기를 연주하는 사람, 그리고 가끔 웅변을 하는 젊은이들도 있다. 부끄러움을 참고 어색한 몸짓으로 무대에 서는 모습이 보기에 좋다.

나는 관할 행정기관의 승인을 받고 정기적으로 공연하는 사람들보다 이들 아마추어들의 개인 발표회를 의미 있게 바라본다. 연습할 무대도 마땅치 않고 들어줄 청중도 모을 수 없는 저들이 양재천 산책을 하는 사람들을 상대로 그들의 재능을 선보이는 것이리라. 비록 수는 적지만 청중들은 박수를 치고 그들은 박수에 답례를 한다. 어쩌면 많은 세월이 흐른 후 저들 중에서 카네기홀에 설 수 있는 사람이 나오기를 나는 은근히 바라는 마음이 된다.

요즈음 나는 주로 석양녘에 양재천을 걷는다. 분주한 하루가 밤의 휴식으로 접어드는 시간 이 길을 걸으면 고요함과 편안함이 온몸으로 스며든다. 나는 지나온 날들을 돌아다보기도 하고, 오래 잊어버리고 있었던 사람들을 떠올려 보기도 한다.

때론 젊은 날 저지른 사소한 실수가 가슴 저미는 회한으로 되살아나기도 하고, 대책 없이 맨손으로 헤쳐 나온 가시밭길이 이젠 아련한 그리움으로 아른거리기도 한다.

독일에서 철학자가 많이 나온 것은 숲이 발달했기 때문이라고 주장하는 사람들이 있다. 비단 숲뿐이겠는가. 산과 들과 냇물과 바람이 흐르는 시간을 따라 사람의 생각을 깊게 하고 맑게 하기 때문일 것이다.

양재천은 생명을 기르고 그 힘을 북돋아 주는 곳이다. 그리고 사색하도록 나를 인도하는 곳이기도 하다.

매생이와 굴

얼마 전 어느 TV 퀴즈 프로에 해산물을 계절과 연결시키는 문제가 나왔었다. 굴, 전복, 주꾸미, 전어 등을 사계절과 연결시키라는 내용이었다. 출제 의도는 아마도 제철음식을 먹어야 영양분을 제대로 섭취할 수 있다는 것을 일깨워 주려는 것이었을 게다. 상금이 1,500만 원이나 걸려 있는 퀴즈라서 마치 내가 출연한 것처럼 긴장되었지만 나도 그 정답을 댈 자신이 없었다.

'가을 전어 굽는 냄새가 그리워 집 나간 며느리가 돌아온다.'는 우스갯소리는 알고 있기에 겨우 하나밖에 못 맞췄다. 내 고향은 전라남도 장흥의 조그만 마을이다. 옛날에는 어업으로 꽤 번창했으나 지금은 반농반어라고 할까, 어업으로 생계를 삼는 가구는 별로 많지 않다. 마을 가까이에 간척지로 개간한 농지가 생겨서 농사짓는 집들이 많아졌기 때문이다.

주생산물인 주꾸미, 갑오징어, 키조개, 바지락, 고막 등은 청정해역에서 자라 맛이 좋다는 소문이 나면서 꽤 유명해졌다.

어촌에서 태어나고 거기서 자랐지만 나는 어업에 청맹과니나 다름없다. 가까운 일가친척에도 어업에 종사하는 분들이 없어서 어업과 관련되는 일들에 무관심하다 보니 일반적인 어업상식에도 목불식정目不識丁인 셈이다. 즐겨 먹던 주꾸미나 바지락이 어느 계절에 가장 맛이 있는지도 모르다니…. 나는 그저 사시사철 잡을 수 있고, 아무때나 다름없는 맛으로 사먹을 수 있는 줄 알았던 것이다.

내 친구 P 군은 미식가적 기질이 뛰어나 어느 계절, 어느 곳에서 생산되는 무슨 식품이 몸에 좋고 맛있다는 것을 잘 안다. 특히 해산물에 관한 그의 광범한 상식은 놀라울 정도다. 농사밖에 짓지 않는 산골마을에서 자란 그가 나보다 해물에 관해서 더 잘 알고 있으니 나는 변명할 말이 없다.

아마 P 군이라면 이런 문제쯤은 식은 죽 먹기나 다름없었을 것이다. 봄에는 주꾸미가 맛있고, 여름에는 전복, 가을에는 전어, 겨울에는 굴이 정답이라는 것쯤은 상식이라고 했을 것이다. 그는 어느 식당의 민어회가 맛있고, 어느 집에서 복어지리를 잘하는가, 일품 요릿집도 줄줄 외우고 있을 정도니까.

생각해 보니 굴은 겨울철에 먹는 맛이 제일 좋았던 것 같다. 특히 어머니가 겨울이면 끓여주시던 굴 넣은 떡국과 굴을 넣어 끓인 매생이 맛은 잊을 수가 없다. 이제 어머니가 돌아가셨으니 다시 고향을 찾아간들 그 맛을 볼 수는 없을 것이다.

굴이야 다들 잘 알고 있겠지만 매생이는 몇 년 전만 해도 그 이름조차 모르는 사람들이 태반이었다. 김도 아니고 미역도 아닌 해초. 물속에서 검푸르게 풀어지면 너무 미세하여 형체도 알 수 없는 것. 끓여놓아도 풀을 끓여놓은 것 같고 뜨거울 때면 먹기도 어려운 매생이국은 아무리 보아도 귀한 음식 같지가 않다.

아마 어느 유명한 식품영양 학자나 요리전문가가 매생이의 영양분을 부풀려 최고의 웰빙식품이라고 TV에서 홍보(?)하면서 유명해졌을 것이다. 요즘말로 하면 매생이를 띄웠을 것이다. 덕분에 전남 일부 해안지방에서나 겨우 알아주던 겨울 철 음식 매생이는 이젠 제법 고급스러운 음식점의 인기 있는 메뉴가 되었다. 냉장고가 보급된 덕분이겠지만, 제철의 풍미와는 무관하게 사계절 식품으로 내세워지는 매생이 메뉴를 보면 씁쓸하다.

음식뿐 아니라 사람의 쓰임에도 인기와 유행이란 것이 따르게 되는 모양이다. 한번 떴다 하면 여기저기 아무 일에나 국민대표로 뽑혀 다니는 얼굴들을 자주 본다. 전문적 식견이 아무리 뛰어나도 그가 누구인지 알려지지 않았기 때문에 옛날의 매생이처럼 구석에 처박혀 있는 사람들도 적지 않을 것이다. 그러다가 누군가가 발탁하여 숨겨졌던 그의 역량이 알려지게 되면 너도나도 유행처럼 불러대는 바람에 오늘날의 매생이처럼 유명세를 타게 될 것이다.

나는 음식을 가리지도 않고 식도락가도 아니므로 유행하는 음식을 좇아다닐 까닭은 없다. 몸에 해롭다는 것만 빼놓고는 무엇이나 소탈하게 잘 먹는다. 편식은 나쁜 버릇이요, 음식은 항상 감사한 마음으로 먹어야 복 받는다고, 어렸을 때 어른들로부터 배운 식습관 덕일 것이다. 무엇을 먹으면 두드러기가 나고 무엇을 먹으면 배가 아프다는 알레르기 체질도 아니니 다행이다.

대부분의 남자들이 결혼하면 아내가 해주는 음식에 길들여졌다가 차츰 늙어가면서 어머니가 해주던 음식을 먹고 싶어 하는 것 같다. 그건 아마도 잊어버리고 살아온 고향을 그리워하는 귀소본능이 아닐까.

동네 치킨집도 많고 피자집도 많다. 커피전문점은 한 집 걸러 하나라고 할 만큼 요즘 대세를 이루고 있다. 이런 유행들과는 무관하게 까마득히 잊고 살던 옛날의 음식이 문득 그리워질 때가 있다. 그것은 어떤 특정한 음식에 대한 그리움이 아니라, 그 시절의 추억과 인정에 대한 목마름일 것이다.

지금 한 해가 저물어 가는 창밖에는 소담스러운 눈송이가 조용히 내리고 있다. 이맘때쯤이면 "찹쌀 떠억!" 하고 외치던 소리가 겨울밤의 정취를 돋아주었는데 그 소리를 듣지 못한 지도 오래되었다.

눈이 쌓인 길을 걷고 싶다. 길거리에서 구워 파는 풀빵(붕어빵)이라도 사먹고 싶다.

서울 까치

우리나라 사람들은 대체로 까마귀를 싫어하고 까치를 좋아한다.

동물을 좋아하는 모습에서도 국민성을 엿볼 수 있을지 모르겠다. 일본 사람들은 우리와 달리 까치보다 까마귀를 좋아한다. 우에노 공원에 수만 마리의 까마귀가 운집해서 살고 있다는 말을 들으면 섬찟하고 무서운 생각까지 든다.

고구려 고분 벽화를 보면 삼족오三足烏, 즉 까마귀가 태양신으로 신봉되었다는 사실을 알 수 있고, 늙은 어버이에게 먹이를 물어다 주는 반포反哺의 효를 행하는 새로도 알려져 있다. 그런데도 우리에게 까마귀가 흉조로 인식되고 있는 것은 그 검은 색깔이 주는 어두운 이미지와 음울한 울음소리 때문일 것이다.

예로부터 까마귀 울음을 초상이 날 징조로 여겼고, 먼 길을 떠나는 날 까마귀가 울면 불길한 일이 생길 것으로 믿고 여행 떠나기를 꺼렸었다.

어렸을 적에 들었던 출정가의 가사에 "어머니 부디 안녕히 계십시오. 까마귀 우는 곳에 나는 갑니다."라는 구절이 있었다. '까마귀 우는 곳'이란 주검이 널브러져 있는 곳이라는 의미일 것이다.

그러나 까치에 대한 생각은 달라서, 기쁜 소식을 전하는 길조로 여겼던 것이다. "까치까치 설날은 어저께고요. 우리 우리 설날은 오늘이래요."라는 동요만 보아도 우리는 까치와 인간을 동격으로 인정하는 애정과 친근감을 표현했던 것이다.

우리 아파트 거실에서 4~50m쯤 떨어진 곳에 메타세쿼이아 가로수의 2차선 길이 나 있다. 9층 아파트 높이에 거의 다가설

정도로 높이 치솟아 오른 나무줄기 끝부분에 까치집이 매달려 있다. 세찬 바람이라도 불면 금방 떨어질 것처럼 위태로워 보이지만, 근래 2~3년 사이 연달아 몇 차례 태풍이 휩쓸고 지난 뒤에도 그 자리에 까치집은 여전히 있다. 그들은 오래전부터 집을 지어 살고 있는 것 같다. 이사 온 지 겨우 3-4년밖에 되지 않는 우리보다 훨씬 선주민일 것이다.

아침 일찍 일어나 베란다 문을 열면 내 눈 높이에 있는 까치집부터 보인다.

지난해 잎이 다 진 앙상한 가로수 가지 사이로 부지런히 나무 가지를 물어 나르며 까치 두 마리가 새 집을 짓고 있었다. 처음에는 낡은 집 바로 위에 짓는 것 같더니, 나중에 보니 전에 있던 집과 새집이 하나로 합쳐져 있었다. 아마 새끼를 치려면 큰 집이 필요하겠거니 짐작하였다.

도시에 사는 새들 중에서도 나무 위에 집을 짓는 새는 그래도 좋은 환경을 점유한 새들이다. 빌딩숲으로 꽉 찬 도심에서는 전신주나 고압선 송전탑 위에 집을 짓기도 한다.

빈번한 정전사고가 예고도 없이 일어나면 누구보다도 산업체의 불편과 손해가 막심할 것이다. 잦은 정전사고에 대처하기 위하여 한국전력이 그 원인을 분석하고 조사해 보았더니 그 주범이 다름 아닌 전신주 위에 집을 짓는 까치 떼들이더라고 한다. 한때 한국전력에서는 "전신주 위의 까치집 신고 바람"이라는 플래카드까지 내걸고 까치를 퇴치하는 데에 앞장섰었다.

자연을 사랑해야 하고 보호해야 한다고 주장하던 인간이, 인간으로서의 권위와 우월성을 포기하고 까치와 맞서서 싸우지 않을 수 없는 처지가 되었다는 사실은 우리의 마음을 쓸쓸하게 한다.

그것은 비단 까치뿐이 아니다. 일본에서는 까마귀를 길조로 여기지만 그들의 숫자가 너무 많다 보니 환경을 깨끗이 가꾸는 데 큰 골칫거리가 되어서 한때 퇴치운동을 펴기도 했다 한다. 도시의 동물들은 인간의 삶이 달라지는 데 따라 그들의 사는 방식도 변경할 수밖에 없을 것이다. 그들은 인간에 길들여져서 사람들이 던져주는 먹이를 받아먹거나, 먹다 만 음식 찌꺼기를 뒤져 먹고 살면서 타고난 야성을 점점 잃어가고 있다. 자동차에서 뿜어져 나오는 독한 매연에 익숙해져 있을 것이고, 소음에 찌들어 있을 것이다.

문득 김광섭 시인의 「성북동 비둘기」가 생각난다. 성북동 기슭의 옛 고향을 잃어버리고 채석장의 돌 깨는 소리에 놀라서 정처 없이 떠도는 평화의 새, 비둘기.

서울에 사는 새들은 까치든 까마귀든 비둘기든 삶의 터전을 잃은 철거민이거나 실향민들이다. 우선 도시에 발붙이고 사느라 그들은 조금씩 퇴화하고 있는 것이다. 시골 새들처럼 두 날개를 활짝 펴고 시원스레 창공을 날아오르는 모습을 점차 잃어가고 있는 듯하다. 특히 까치들은 여러 마리가 함께 떼 지어 생활하는 군집성도 없어서 늘 한두 마리가 제각기 따로따로 행동하는 모습들을 보인다.

겨우 먹을 것이나 찾아 뒤뚱거리는 그들은 향촌을 떠나온 시니어들이 도시생활에 쉬이 동화하지 못하고 거리를 방황하고 있는 모습과 같다. 나도 따지면 그 가운데 하나일 터. 서울 까치를 보면서 연민의 정을 느끼는 것도 동병상련同病相憐의 심정인지 모르겠다. 나는 지금 메타세쿼이아에 집을 짓는 까치를 보고 있지만, 까치는 지금 아파트 베란다에 갇혀 있는 나를 보고 있는 것이 아닐까.

향기를 나르는 미풍처럼

바깥 날씨는 아직 영하를 맴돌고 있지만, 남향받이 베란다에서는 몇 가지 화초들이 계속 꽃을 피워내고 있다.

정원도 아니고 꽃밭도 아닌 좁은 베란다에서 무엇을 마음껏 가꿀 수는 없다. 한해살이 꽃만 기른다든지, 다년생 꽃나무만 가꾸는 것도 아니다. 어떤 선택의 기준도 없이 되는 대로 모아 놓은 잡다한 고샅이라고나 해야 할까, 소시민이 모여 사는 수더분한 동네와 같다.

그들의 출처나 본향을 모르는 것은 물론이고, 어떤 것은 여러 해 지나도록 이름조차 모르지만 늘 대하는 모습들이 귀하고 정겹다. 양란 화분에 담겼던 삼나무 껍질 속에서 잡초처럼 촉을 내밀기에 따로 옮겨 길렀더니 한 촉은 칸나로 성장하고, 다른 촉은 토란잎보다 더 넓고 큰 잎을 뻗어내고 있는데 아직은 그게 무슨 화초인지 잘 모르겠다.

다행히 사철 햇볕만은 풍성하므로 물만 때 맞춰 주면 잘들 자란다.

한여름 7월의 꽃이라는 제라늄까지 겨우내 끊임없이 꽃을 피우더니 봄이 되자 더욱 기승을 부린다. 베란다가 좁아서 더 이상 자라지 못하도록 억제하고 싶은 충동을 느낀다.

소심素心란은 잎사귀 틈에 숨겼다가 갑자기 쑤욱 꽃대를 네 개나 내밀더니 다투어 꽃을 피워내고, 그에 뒤질세라 함소화含笑花 꽃봉오리도 하루가 다르게 벙글대며 커지다가 드디어 꽃망울을 터뜨리며 짙은 향내를 뿜어내고 있다. 함소화는 3년 전 양재동 꽃시장에서 사다 심은 것이다. 외양은 동백나무 같은데 마디가 더디 자라고 꽃 모양은 볼품이 없다. 그러나 향기만은 일품이다.

난의 향기는 은은하고 깊어서 고결한 기품을 느끼게 하는 데 반해, 함소화의 향기는 강렬하고 달콤하여 숨이 막힐 것 같은 느낌을 준다. 마치 「정읍사井邑詞」를 읊조리며 지아비의 무사 귀환을 빌던 한국 전통 여인의 기품을 지니고 있는 것이 난향이라면, 정열적 탱고 리듬에 취한 서양 무희의 열정을 품고 있는 것이 함소화 향이 아닐까. 서로 다른 이 두 향기가 온 집안에 퍼지면서 기묘한 조화를 이루며 어울러 지고 있다.

그러나 모든 식물이 향을 지니고 있는 것은 아니다. 아무런 향내가 없는 꽃들도 있고, 꽃은 좋아도 냄새가 특이한 제라늄 같은 꽃도 있다.

어느 누구나 제각기 자기 나름의 향기를 지니고 있을 것이다. 찔레꽃이나 라일락처럼 싱싱하고 생기 넘치는 성품을 지닌 사람이 있는가 하면, 동백꽃이나 유채꽃같이 은근한 인격을 지닌 사람도 있을 것이다.

나에게도 혹시 향기라고 불릴 만한 무엇이 있을 수 있다면 어떤 종류의 것일까?

바라기는 소심란 같은 향이라면 좋겠지만 어찌 스스로 그걸 바라겠는가. 향은커녕 역겨운 냄새가 날 수도 있을 것이다.

차라리 무색 무취 무미의 미풍 같은 것이었으면 좋겠다. 미풍은 스스로 향기를 내지 못해도 향기를 일으키고 나르는 일을 하지 않는가.

제3부

느긋하게 살기

느긋하게 살기

아파트 바로 위층에 금슬이 각별한 부부가 살았다. 우리는 통성명을 하지도 않고 서로 801호와 702호로 기억하였고, 엇비슷한 연배로 자주 마주치다 보니 친근한 정을 느끼게 되었다.

그들은 언제나 부부가 함께 다녔다. 바삐 걷는 걸음이 아니고, 서로 팔짱을 끼거나 손을 잡고 천천히 걸었다. 식후 산책길은 말할 것도 없고, 동네 시장을 보거나 다른 일을 하러 다닐 때도 그들은 언제나 함께 다녔다.

내가 헬스장에서 운동을 마치고 돌아오는 시간과 그들이 산책을 나가는 시간이 맞아서 우리는 약속이라도 한 것처럼 같은 시간 같은 장소에서 자주 마주쳤고, 마주치면 서로 반가운 인사를 나누며 지나가곤 했었다. 나는 그들 부부가 부럽기도 하고 한편으로는 부끄럽기도 했다.

내가 그들처럼 그렇게 하지 못하고 있었기 때문이다. 같이 걷는 것쯤이야 뭐 그리 어려운 일이냐고 할지 모르지만, 내겐 정말 어려운 일이다.

결혼하기 전에는 온 정신을 기울여 보폭을 줄여서 발걸음을 제법 맞추었으니 큰 문제가 없었다. 그런데 결혼 이후 언제부터인지 내 본래의 걸음걸이 습관이 도진 것이다.

나는 길을 걸을 때 주변에 무슨 일이 일어나고 있는지 별로 신경을 쓰지 않는다. 가고자 하는 곳을 향하여 일직선으로 걷는 것만도 바쁘다. 특별한 일이 없는 한 일정한 보폭과 속도로 걷기 때문에, 학생들이 '인민군 졸병'이라는 별명을 붙이기도 하였다. 요즈음은 그 정도는 아니지만, 나이보다 걸음걸이가 힘차게 보인다는 말은 듣는다.

나 혼자 걸을 때는 아무런 탈이 없다. 그러나 아내와 함께 걸을 때는 이것이 심각한 문제를 일으킨다. 짧은 거리는 모르지만 좀 긴 거리를 걸을 때면, 점점 간격이 벌어지게 되는 것이다.

가다가 기다려서 걷곤 하지만 깜박 잊어버리는 경우도 생긴다. 혼자 멀리 앞서가는 내 뒤를 기를 쓰고 따라 걷기가 싫다며 아내가 되돌아 가버린 적도 몇 번 있었다.

"길을 함께 걷지 못하면서 인생을 어떻게 함께 걸을 수 있느냐."는 핀잔까지 들을 지경이다.

운동은 운동이고 산책은 산책인데, 산책에 운동의 목표까지 두어서는 안 된다는 것, 그런데 내가 매사에 목표만을 중시하고 집중한다는 것, 이것이 그의 주장이며 불만이다. 하기야 틀린 말은 아니다. 이런 터인지라 언제나 서로 다정하게 걷고 있는 그 부부를 보면 달리 보였던 것이다.

그런데 어느 날, 부인을 대동하지 않고 혼자 걷고 있는 남편과 만났다. 서로 이런저런 얘기를 하다가 그가 대뜸,

"사실은 제가 파킨슨병을 앓고 있거든요."

하는 것이었다. 파킨슨병이라면 치매의 일종이 아닌가? 나는

그 말에 무슨 말을 어떻게 해야 할지 몰라 멍하니 서 있을 수밖에 없었다. 나는 황당한 그 상황을 덮으려고 이런저런 말로 장황하게 얼버무렸다.

요즈음은 의료기술이 발달하여 치료 가능한 약제들이 개발되고 있으며, 과거처럼 치료 불가능한 병이 아니라고, 병의 진행 속도를 충분히 늦출 수가 있으니 낙심하지 말라고, 부디 그렇게 되기를 바라는 마음으로 말했다.

그들은 물론 금슬이 좋아서 날마다 함께 걸었을 것이다. 그러나 얼마 남지 않은 이별의 날을 생각하면서 더 애틋한 마음으로 동행했을 것이다. 불편해 보일 정도로 비만한 부인을 대동하고 천천히 걷던 위층 남자. 치매를 앓고 있는 남편을 따라 무거운 몸으로 산책길을 따라 나서던 위층 여자.

그가 어느 대학병원에서 머리 수술을 한 후에 요양병원에 입원하고 있다는 말, 내외가 함께 딸이 사는 대전으로 가서 지낸다는 말을 들은 것이 겨우 몇 달 전인데 엊그제 위층 부인으로부터 남편이 세상을 떴다는 전화를 받았다. 우리는 그가 별세한 지 한 달이나 지난 후에야 그 소식을 들었던 것이다. 바로 위층, 가까운 이웃인데도 우리가 이렇게 무심할 수밖에 없었던 것이 미안하고, 허탈하고, 그리고 쓸쓸하였다.

치매(dementia)란 '정신이 없어진 것'이라는 뜻의 라틴어에서 유래되었다고 한다. 그 원인이 무엇이든 뇌기능이 손상되면서 정상적인 기억력도 판단력도 없어지고 점차 인지기능이 약화된다는 것이다.

요즘 조금만 기억이 흐려도 '혹시 치매가 아닌가?' 걱정하게 된다. 편리해진 만큼 복잡해진 세상에서 이십대건 삼십대건 나이와 상관없이 걸핏하면 치매라는 말을 쓴다. 정신이 없어진다는 것은 단순히 정신만 없어지는 것이 아니다. 사는 일 모두가 없어지는 것이다. 우리 삶 어디에 정신이 개입되지 않은 부분이 있던가.

천천히 혼자 생각하면서 혹은 대화하면서 산책하는 것, 그게 내 성격과 맞지 않는다고 주장하는 것도 다른 사람의 입장에서 보면 정신이 건강한 징후는 아닐지도 모른다. 정신은 산책을 통하여 가장 신선해지고 활발해진다고 하지 않던가.

혼자만 바쁜 듯이 씽씽 앞서 걷노라면 정신 또한 촉박하고 다급해질 것이다. 다급함 속에 유연하고 탄력 있는 정서와 사고력을 기르기는 어려울 것이다.

고속도로가 처음 뚫렸을 때 도로변에는 이런 표어가 크게 씌어 있었다.

“5분 빨리 가려다가 50년 빨리 간다.”

음미할수록 끔찍한 말이다. 내가 아무리 빨리 걸어도 5분 이상 먼저 도착하지는 않을 것이다. 그리고 두 사람이 함께해야 할 일이라면 그중 한 사람이 먼저 도착한다 해도 아무 소용이 없을 것이다. 빨리 걷는 내 걸음걸이는 정신없이 앞만 보고 살아온 인생의 반영일 것이다. 천천히 살고 싶어서라도 천천히 걸어야 할 텐데 그럴 수 있을까? 너무 오랫동안 길들여진 버릇이라 자신이 없다.

관상觀相과 심상心相

요즈음 「관상」이라는 영화가 크게 인기몰이를 하면서 상영되고 있다고 한다. 나는 아직 그 영화를 관람하지 않아서 내용도 주제도 모른다. 그러나 관객을 많이 끌어들이고 있다면 대중에게 어필하는 공감 영역을 확보하고 있으리라 생각된다. 「관상」이라는 제목의 이 글을 쓰기 전에 영화 「관상」을 관람해 볼까 어쩔까 망설이다가 그냥 글부터 쓰기로 한다.

지금 쓰려고 하는 이 회고담은 가까운 사람들 앞에서는 몇 번

말했었다. 그러나 글로 쓰는 것은 처음인데 잘못하다가는 영화의 내용에 휘둘려서 내가 정작 하고 싶은 말을 못할 수도 있다는 생각이 들어서다.

아마 2000년대 초 어느 해 10월경이었을 것이다. 종강할 때가 가까워진 대학원 박사과정 강의시간이었는데, 어쩌다가 방향이 '인간의 운명'에 관한 논의로 한참 깊어지고 있었다. 대략 예정론과 구원론으로 나뉘었던 것 같은데 어느 쪽이 더 우세했었는지는 확실히 생각나지 않는다. 나는 그때까지 내가 체험해온 인생의 도정을 술회하는 것으로 그 결론을 대신하였을 것이다.

1960년대 가난한 살림살이 속에서 배우지 못한 한국 농촌의 부모들은 소를 팔고 논을 팔아서라도 자식만은 대학에 보내려고 노력하였다. 그 결과가 희망하는 대로 이루어질는지 확실하지는 않았지만 그것이 자식을 성공시키는 필수적인 조건이라고 여겼던 것이다. 오죽하면 대학 건물을 '우골탑牛骨塔'이라고 불렀겠는가.

나도 어찌어찌 그 우골탑을 졸업한 후 대학원 석사과정 2학기까지 마치고 입대를 하였다. 대학 재학 중에 입대하면 졸업장 받기가 어려울지도 모른다는 판단으로 입대를 연기하면서 간신히 버티고 있었던 것이다. 그러나 나이가 들 만큼 들어서, 더구나 대학원까지 다니다가 입대한 대가를 나는 톡톡히 치렀다. 내 스스로 느낀 무력감과 모멸감도 물론 있었겠지만.

DMZ가 가까운 전방부대에 배속되어 육군 일등병의 설움을 견디다보니 장차 전개될 내 인생의 진로에 대해서까지 깊은 회의에 빠지게 되었다. 나는 마치 언제 걷힐지 모르는 짙은 안개 속에서 갈 길 모르고 표류하는 작은 쪽배처럼 외롭고 무기력하였다.

입대 후 첫 번째 휴가를 받았을 때 맨 먼저 줄달음쳐 찾아간 곳이 당시 용하기로 소문난 관상가의 집이었다. 지금 생각해도 그때 그럴 수밖에 없었던 절박한 심경이 생생하게 되살아난다. '백 아무개'라고 하면 모르는 사람이 없을 정도로 이름이 널리 알려진 관상가였다. 우리나라에서 제일가던 재벌의 창업주가 신입사원 채용의 마지막 단계에서 그 백 아무개를 반드시 배석시킨다는 소문이 파다했었으니까. 그는 잔뜩 긴장한 모습으로 마주 앉은 새까만 육군 졸병의 얼굴을 마치 책 읽듯이 읽어 내려갔다. 불현듯 정신을 차려 그의 말을 귀담아 들었지만 도저히 믿기지 않는, 나와는 아무런 상관이 없는 말 같았다.

장차 교수가 되고, 대학 학장, 총장이 될 것이며, 70 이후에는 아무 근심걱정 없는 만년을 보내리라는 내용이었다. 나는 마치 귀신에게 홀린 것 같았다. 그의 허황한 말들을 믿을 수가 없었다. 적잖은 복채가 아깝다는 생각으로 종로 거리를 헤맸었다.

병역을 마친 후, 나는 경기도 도농의 조그만 중학교 국어교사로 출발하여, 미션학교로서 오랜 역사를 지닌 전주신흥고등학교에서 5년, 서울 연희동의 신생 사립학교인 경성고등학교에서 10년을 보내고, 광주 무등산 기슭에 있는 조선대학교에서 정년퇴임을 하였다. 그리고 이제는 서울로 돌아와 엄청 변하여 낯설어진 거리를 기웃거리면서 늙어가고 있다.

되돌아보면, 백 아무개 관상가가 50여 년 전에 내 관상을 보고 예언했던 대로, 예정되어 있던 그 운명의 길을 따라 살아온 셈이란 말인가. 그렇다면, 결국 내가 어떤 헤아릴 수 없는 절대자의 인력과 섭리에 의해 인도되어 왔다고 해야 할 것인가?

나는 백 아무개의 말을 들었던 그날 이후, 그 허황하던 말의 신빙성에 일호의 가치도 두지 아니하고 깡그리 잊어버린 채 살아왔다. 그동안의 내 인생 도정은 결코 순탄하지 않은 질곡과 파란이 중첩되어 온 길이었다. 수많은 불면과 인고의 세월을 마치 '우공이산愚公移山'의 주인공처럼 걸어온 삶이었다. 어느 길 모서리 하나도 결코 우연히 맞닥뜨린 길이거나, 요행히 거센 비바람을 회피해 온 길은 아니었다.

아직 내 나이 70대가 넘지 아니하였으니, 나의 한 생애 전체를 쉬이 판단할 수는 없다. 그러나 단 한 가지 지금 분명히 말할 수 있는 일은 이름 없는 수필가이지만 아직 글을 쓸 수 있다는 사실이다. 가끔은 이렇게 원고청탁서도 받아서 속마음을 풀어낼 수 있는 게 아무나 누릴 수 있는 청복淸福 은 아닐 것이다.

자살과 타살 사이

몇 주일 전에 영화 〈은어銀魚〉 시사회에 갔었다. 막역한 친구가 그 영화의 제작에 깊이 관여했는데 시사회에 참석하겠느냐는 연락이 와서 오랜만에 한 자리에 낄 수 있었다.

장흥댐 건설로 실향민이 된 사람들이 뿌리 없는 나무처럼 떠도는 얘기, 더러는 적응하기도 하고 더러는 실패를 거듭하면서 방황하는 사람들, 고향땅을 차마 멀리 떠나지 못하는 주민들의 쇠락한 모습이 화면에 잔잔하게 흐르고 있었다.

영화의 소재는 최근 우리 생활 주변에서 흔히 볼 수 있는 것이지만 삶에 대한 연민과 사랑을 따뜻한 시선으로 해석했다는 점에서 긍정할 만한 작품이었다.

특히 인터넷 자살사이트에서 만나 집단자살을 도모하는 실패한 군상들의 스토리가 흥미있게 짜여 전개되어서 영화의 단조로움을 극복해 주었다.

나는 여기서 특정한 영화를 소개하고 평가하려는 것은 아니다.

근래 들어 사회적 문제로 떠오르고 있는 자살 문제를 걱정하고 있는 것이다.

1960~70년대 우리가 가난하고 배고플 때, 세계일류 복지국가라고 이름이 났던 스웨덴의 자살률이 세계 최고라는 말을 듣고 의아하였었다.

그 풍요롭고 살기 좋은 나라에서 왜 스스로 목숨을 끊는 사람들이 있단 말인가? 당시의 내 소견으로는 도무지 이해할 수 없는 사항이었다.

그러나 그로부터 사반세기가 못 된 지금, 그때보다 더 심각한 현상들이 우리 한국 땅에서 벌어지고 있다. 경제협력개발

기구(OECD) 국가들 중 우리나라가 자살률 1위라는 불명예를 안은 지 벌써 십여 년이 되었다. 놀라운 사실은 이 불명예의 수위가 계속 상승되고 있는데 반하여 다른 선진국들에서는 점차 하강되고 있다는 것이다. 신문 보도에 의하면 지난해 우리나라 자살자가 매일 42.6명이나 된다고 하는데 그것은 OECD 국가 평균의 2.5배에 해당된다. 왜 집단자살을 꾀하고 있는지, 매일 40여 명의 아까운 목숨들이 시시각각 스러져 가는지 안타까운 일이다.

모 유명 연예인이 목을 매어 죽은 후 그 뒤를 따라 세상을 떠난 사람들의 수가 기하급수적으로 늘었고, 그 외에도 비슷한 방법으로 목숨을 처리한 사람들이 계속 늘어나고 있다. 며칠 전 인터넷 자살사이트를 통해 동반자살을 도모한 남녀 6명이 극적으로 구조되었다. 자신만 따돌렸다며 함께 어울리던 20대 남성이 홧김에 신고한 덕분이었다.

얼마 전 KAIST 학생들의 연이은 죽음이 우리의 마음을 얼마나 아프게 하였던가.

어느 목숨인들 소중하지 않을까마는 촉망받는 영재들의 죽음은 더 아깝고 안타깝고 슬프다. 그들은 국가의 보호를 받아야 할 보화요 큰 자산이다. 큰 뜻을 미처 펴보지도 못한 채 스스로 목숨을 끊고 있는데 사회와 국가는 방관만 하고 있는 꼴이 되었다. 그들은 스스로 죽음을 택했다고 하지만 깊이 생각해 보면 우리 모두가 그들을 죽음의 길로 인도하지 않았는가 하는 자성을 해야 할 것이다.

카이스트 박사과정을 졸업하고서도 다른 삶의 길을 선택하여 활동하고 있는 한 청년에게 '카이스트 학생들의 자살 이유가 무엇인가' 물은 적이 있다. 그는 잠시 머뭇거리다가 '부적응'이라고 대답했다. 즉 개인이 달라진 환경에 순응해 가는 데 실패한 때문이라는 것이다.

수재, 영재, 천재라고 불리던 학생들이 집단으로 모였을 때 그들이 겪는 스트레스와 상대적인 열등감은 우리가 상상할 수 없을 만큼 크다고 하였다.

카이스트는 최근에 큰 몸살을 앓고 있다. S 총장이 부임한 뒤 뒤떨어진 대학의 위상을 높이기 위해 과감한 시책들을 실행하고 있는 것으로 알려졌다. 종신보장교수의 자격요건을 강화하고, 명망 있는 외국인 교수들을 초빙하며, 교육 및 연구 환경을 개선하는 데 진력하는 한편, 학생들에게도 상응하는 대가와 노력을 강요한 것이다.

예를 들면 징벌적 등록금 제도가 그것이다. 카이스트의 학점은 엄격하고 짜기로 소문이 나 있다는데, 난생처음 받아보는 성적표의 숫자가 그들을 절망의 늪으로 몰아넣었을 것이다. 경쟁사회에서 약자는 희생되기 마련이다. 소수의 약자들을 도태시켜서라도 강한 다수를 만들어야 한다는 것이 경쟁의 논리이기 때문이다.

누구에게도 호소할 수 없는 자조와 외로움과 절대고독 속에서, 마치 폭풍 가운데 키를 잃은 배처럼 방황했을 것이다. 그러다가 어찌할 수 없어 죽음을 결행했을 것이다. 절체절명의 현실 장벽을 제 힘으로 넘어설 수 없을 때 구원의 손길을 얼마나 애타게 원하였을까?

학교의 분위기가 날로 거칠어지고 아득해지면서 교수는 교수들대로, 학생은 학생들대로 자기가 우선 살아남기 위하여 남을 이겨내야 하는 무한경쟁의 소용돌이로 변해간 것이다.

이것은 카이스트에만 한하는 현실이 아니다. 우리 한국사회가 바로 개방과 경쟁의 논리 속에서 발전해 오고 있기 때문이다.

행복하게 잘 살자고 밤낮없이 일하며 연구하고 돈 벌어서 이제 살 만하게 되었다. 그럼 과거보다 더 행복하게 잘살고 있는지 반성할 일이다.

현실이 이런데도 마치 강 건너 불구경하듯 오불관언하면서 언제까지 '나와 무슨 상관이냐.'고 외면하는 것이 옳은 일인지 모르겠다. 우리는 아직도 자살을 심리적 고통이나 불안 때문에 발생하는 개인적인 문제로 치부한다. 심지어는 죄악으로 몰아버리는 경향도 있다. 그러나 그 원인을 개인의 책임으로만 돌려놓고 수수방관해도 되는가.

이제 우리는 자살을 국가적 문제로 인식하고 그 해결책을 모색하지 않으면 안 된다. 자살은 지금 사회적 타살이 되어가고 있다.

내 빛깔과 향기로

아름다운 꽃들이 다투어 피는 계절이 되었다. 개나리, 진달래, 살구꽃, 벚꽃, 목련꽃들이 고운 자태를 뽐내며 흐드러지게 피어나고 있다. 별안간 우박과 진눈깨비가 내리고, 세찬 비바람이 몰아쳐도 피어나는 꽃들은 결코 제철을 놓치는 법이 없다.

여기저기서 봄꽃 축제들을 벌이고, 기상대의 예보에 맞춰 개막 날짜를 잡았다가 어긋나는 바람에 애를 태운다는 소식도

들린다. 기상대의 슈퍼 컴퓨터가 제아무리 영리하기로소니 꽃나무들의 속마음까지 어찌 알아낼 수 있겠는가.

꽃들은 제각각 특유의 빛깔과 모습과 향기를 지니고 있다. 같은 진달래, 철쭉이라 하여도 자세히 들여다보면 똑같은 꽃이파리는 없는 것 같다. 어디가 달라도 다른 제 모습을 지니고 있으면서도 전체적으로는 하나처럼 통일체를 이루어 보인다.

꽃의 세계만 그러한 것이 아니다. 나무나 강이나 들이나 자연의 온갖 세계가 다 남과 다른 제 모습과 생태와 기질과 성품을 지니고 있다. 나무는 나무대로, 풀은 풀대로의 특성을 지니고 있으며, 강이나 산들도 다 저 나름의 형질을 지니고 있다.

이렇게 제각기 다른 것들이 다 어우러져 하나의 강산을 이루고, 거대한 산맥을 이루고 대우주를 형성하고 있는 것이다. 아무리 미소한 풀 한 포기, 나무 한 그루라도 그것이 없이는 자연이나 우주가 생성될 수 없다는 것은 당연한 이치이다.

생각해 보면, 우리들은 각기 하나의 풀이나 꽃이나 나무인 셈이다. 영산홍의 빛깔이 곱다고 그걸 닮으려고만 하고, 장미의 향기가 감미롭다고 그것을 부러워만 하면 '나다운 나'를 가질 수가 없을 것이다.

제비꽃은 키가 작아서 귀엽고, 메타세쿼이아 나무는 키가 크고 곧게 자라서 아름다운 것처럼 다 조물주가 허락하신 나름대로의 아름다움과 매력을 지니고 있는 것이 아닐까.

우리는 자기의 숨겨진 장점은 외면하고 남의 드러난 장점만을 부러워하는 경향이 있다. 키가 작은 것도 가꾸기에 따라서는 얼마든지 매력이 될 수가 있고, 키가 큰 것도 때로는 약점이 될 수가 있을 것이다.

이제 스스로 깊이 생각해 볼 일이다. 나의 빛깔과 향기는 무엇인가. 내 본 모습과 자태는 어떠한 것인가. 내게 주어진 본래의 몫을 찾아 그것을 가장 크고 아름답게, 향기롭고 훌륭하게 키워낼 수 있는 노력을 지금 얼마나 기울이고 있는가를.

올봄 영취산 진달래꽃을 보지 못하였으니, 제암산 철쭉꽃이라도 구경하러 가야겠다.

흐르는 물처럼

아직 두 달이나 남아 있는데 이 해를 보내는 소감을 써 달라는 청탁을 받았다. 나날이 세월이 허망함을 절감하고 있는 터에 두 달 앞서 '세모歲暮의 변'을 쓰려니 세월을 추월하는 듯하여 다소 미안하기도 하고 억울하기도 하다. 더구나 "나 이렇게 살았습네." 내세울 것이 없으니 더 난감하다.

젊던 때에는 새해가 오기 전에 일 년 동안 쓸 두툼한 일기장을 미리 마련해 두고 새해의 구체적 목표를 세워서 일기장 첫

머리에 써 두곤 했는데, 일기를 쓰지 않게 된 것이 언제부터인지 기억조차 흐릿하다.

정년퇴임을 하고 나니 날마다 그날이 그날로 표도 없이 세월을 보낼 것 같아 일기 한 가지만은 착실하게 쓰자고 다짐했었다. 그러나 일기 한 가지라고 해도 제대로 지키기가 쉽지 않다. 더구나 한 열흘 여행을 하고 왔더니 흐물흐물 무너지듯 중단되고 말았다.

지금 쓰고 있는 일기장은 우연히 얻은 것인데 형식이 아주 재미있게 구성되어 있다. A4 용지 1면 정도의 크기에 날씨, 현재 시각, 오늘의 기분 ○○점, 오늘 먹은 음식, 오늘 쓴 돈, 오늘 있었던 일과 느낌 등을 기록하도록 되어 있다.

처음 대하였을 때에는 초등학교 학생들의 일기장처럼 너무 유치하여 쓴웃음이 나왔는데 며칠 쓰다 보니 나름대로 의미가 있는 기록이 될 것 같다. 날마다 그냥 막연하게 지내면 기록하기가 어렵고 구체적으로 기억해야 할 항목들인 것이다. 누구를 만났으며 무슨 일을 했는가, 쓰다 보면 평범한 일상사도 무심히 넘기지 않으려는 생활습관이 형성될 것 같다.

가끔 인생 선배들이 "시간 있고 돈 있어도 다리에 힘 빠지면

못 다니니 부지런히 여행을 다니라"고 충고한다. 이미 혈기 방장할 때가 지났지만 젊었을 때에는 일하느라 엎드려 여유가 없었으니 이제라도 부지런히 다닐 일이다.

작년에는 스페인 여행을 다녀온 후 감기 후유증으로 오래 시달렸다. 에볼라 바이러스며 각양각색의 암 등 희귀하고 무서운 질병들이 날로 늘어나고 있는 판국에 "그까짓 감기"라고 대수롭지 않게 생각할 수도 있지만 감기는 결코 우습게 볼 것이 아니다. 그것은 만병의 근원이다. 인류 탄생 후 오늘날까지 수많은 질병들이 치유되고 퇴치되어 왔으나 감기만은 아직 어쩌지 못하고 있다는 것이다. 얕보거나 허수히 여길 일이 아닌 것 같다.

육신만 건강해도 소용없는 일. 정신의 양분도 공급해야 즐겁고 자신감 있게 나이 들어갈 수가 있을 것이다.

지난해에 『로마인 이야기』 15권을 흥미 있게 읽고 그 독서록을 정리하는 중이다. 그런데 이 책의 저자인 시오노 나나미가 위안부 문제에 대하여 석연찮은 태도를 보이고 있다는 기사를 본 후 그녀에 대한 내 호의가 식어가고 있다.

지난 몇 해 동안 모 월간지에 연재해온 글도 종결해야 한다.

고전시가에 관하여 산책 삼아 써온 글이지만, 가끔 잘 읽고 있다는 독자들을 만나면 무슨 글이나 정성 들여 쓰지 않으면 안 되겠다는 각성을 하게 된다.

연재물을 준비하는 틈틈이 청탁받은 원고 마감날짜를 지켜야 한다는 부담감으로 마음 놓고 한가로운 틈을 즐길 수 없는 것이 때론 스트레스로 느껴지기도 한다. 그러나 늦깎이로 등단한 처지에 원고청탁을 받아 글을 쓴다는 것은 아무나 누릴 수 있는 청복이 아니리라 생각하니 그저 모든 것이 감사하고 고마울 뿐이다.

새 작품집을 낼 때가 되었다. 그동안 써온 것들을 그대로 출판할 수는 없으니 다시 읽어보고 정리를 해야 한다. 출중한 작품들을 쓰는 문우들의 글을 읽으면 때로는 부럽고 한편으론 자괴감이 들기도 한다. 그러나 지금까지도 그랬듯이 안분지족 安分知足하는 마음으로 흐르는 물처럼 사는 법을 익혀가고 싶다.

바다에서 바다로

크루즈(cruise) 여행을 처음으로 체험해 보았다. 노년에 알맞은 것은 크루즈 여행이라고 여러 사람들한테서 들어왔기 때문에 체험해 보고 싶었다. 그러나 경비가 너무 많이 드는 호화 여행이라기에 그동안 머뭇거리다가 결혼 50주년 기념 삼아 과감히 시도해 본 것이다.

우리나라 여행사에서 홍보하는 크루즈여행 광고는 가끔 보았지만 코스가 단조로울 뿐만 아니라 여행경비도 엄청 비싸서

엄두를 낼 수 없었다. 그러나 외국 크루즈 전문 여행사를 통하면 보다 저렴하고 다양한 체험을 할 수 있다는 조언을 듣고 따라해 본 것이다.

이메일로 모든 과정을 밟아야 했기 때문에 더디기도 하려니와 오류도 생겨 많은 어려움이 있었다. 외국어로 된 난해한 전문 용어의 해독과 일정한 양식을 갖춘 서류 등을 완성하기가 쉬운 일이 아니었다.

11일 동안 배를 타고 다니면서 주로 지중해 연안 주변의 관광지를 구경하는 여행이므로 버스나 기차를 타고 다니는 여행보다는 훨씬 피로감이 덜하고 쾌적하였다. 거대한 아파트 같은 배에는 2천여 명(배의 용적에 따라 각기 다름)이 타고 다니면서 각종 놀이와 재미를 누릴 수 있는 시설－영화관, 수영장, 헬스장, 찜질방, 스파(spa), 레스토랑, 카지노－ 등이 갖추어져 있으므로 취향에 따라 다양한 체험도 더불어 할 수 있었다.

관광객들의 구성도 각양각색이어서 마치 인종전시장이라고 할 만하였다. 공통용어는 물론 영어지만 독어, 불어, 이태리어, 중국어, 일어 등도 심심치 않게 들을 수 있었다. 어느 누구도 자기 나라말만을 고집하는 사람이 없으므로 오히려 주위 사람들을 의식하지 않고, 구애받지 않고 큰 소리로도 말할 수 있어서 좋았다. 다만 승무원들과의 의사소통이 자유스럽지 못하여 불편하기는 하였다.

이번 여행 중에 만난 사람들 가운데 기억에 남아 있는 사람들이 여러 명 있지만, 특히 식당에서 만난 두 사람이 잊히지 않는다. 한 사람은 레스토랑에서 만난 웨이터 데이빗(David)이요, 다른 사람은 뷔페식당에서 만난 웨이터 앤절(angel)이다. 이 두 사람은 식사하러 간 우리들을 언제나 기쁘고 즐겁게 해 주었다. 데이빗은 서양 사람으로는 키가 작달막하여 우리들과 비슷하였고, 앤절은 우리보다 약간 큰 키였으나 서양인 답지 않았다.

이 두 사람은 그들이 근무하는 주무부서의 특성 때문에 서로 다른 인상을 줄 수도 있었겠지만, 승객들에게 최고의 친절과 즐거움을 느끼게 해 주었다는 점에서는 거의 동일하다.

고급 레스토랑의 분위기를 자아내는 널찍하고 품위 있는 식당에서 점심과 저녁식사를 정찬으로 즐길 때는 언제나 데이빗을 만났다. 매양 지정된 좌석으로 인도 받아 식전 윤식(appetizer), 주메뉴, 디저트(dessert)의 순서에 따라 알맞은 주문을 해야 했다. 갖가지의 요리 명칭이 나열되어 있는 메뉴판을 보고 주문해야 할 때면 난감하기 짝이 없었다. 영어로 쓰인 요리 명칭은 대강 짐작한다 하더라도 프랑스어나 독일어, 스페인어 등으로 된 요리를 알 턱이 없다. 이를 눈치챈 데이빗은 우리가 무안하지 않도록 되도록 조용하고 나지막한 어조로 설명해주려고 노력하였다. 영어와 이탈리아어를 적당히 섞어가면서 혹 우리의 주문이 무리할 것 같으면 그 요리의 특성을 말해주고 그래도 좋다는 대답을 받고서야 시켰다. 어떤 것으로 결정할지 몰라 망설이고 있을 때면 자기가 추천해도 좋겠느냐고 묻거나, 추천해 달라고 하면 자신 있게 추천해 주고, 식사 후에는 반드시 우리의 느낌을 물어왔다. 그의 말에 따르면 대부분 만족할 만했다. 때로는 익살스런 제스처로, 때론 우리를 치켜세우는 사인으로 우리를 즐겁게 해 주었다. 이러구러 여러 날 지나는 동안 그와 우리 사이는 마치 오래된 친구처럼 친근하고 다정한 신뢰감으로 가까워지게 되었다.

뷔페식당에서 만난 앤절은 식당이 한창 붐빌 때쯤 커피 등 식후 음료 일체를 간편한 손수레에 싣고 나타났다. 큰 소리로 "커피를 드시겠습니까?" 외치기도 하고, 주위 사람들을 의식하지 않고 콧노래를 흥얼거리면서 천천히 식당 안을 돌아다니며 식사를 하고 있는 승객들과 눈웃음을 교환하고 농담을 나누었다. 반가운 눈빛으로 일일이 눈도장을 찍고, 마치 발레를 하는 무용수처럼 날렵한 몸짓으로 음료수를 제공하기도 하였다. 낯익은 손님과는 십년지기를 만난 것처럼 반가이 껴안거나 손바닥을 마주 부딪치기도 하였다. 가장 기쁘고 즐거운 표정으로, 능숙한 배우처럼 익살스럽고 희극적인 몸짓을 하며, 아침마다 뷔페 식당을 찾아오는 그를 우리는 점차 기다리게 되었다. 혹 우리가 일찍 오거나 그가 늦게 와서 커피타임을 놓치게 되었을 때는 서로 무척 아쉬워하기도 하였다.

데이빗이나 앤절은 다른 웨이터들처럼 고객들에게 직업적으로, 또는 기계적으로 하는 듯한 인상을 전혀 보이지 아니하였다. 그들은 자기가 맡은 일을 즐겁게 실행하는 것이 최고의 기쁨이요 보람이라는 듯이 행복에 젖은 모습을 보여주었다. 행복해서 즐거이 일하는지, 즐거운 마음으로 일하기에 행복해 보이는지 알 수는 없으나, 그들의 그러한 모습을 보면서 나도 부지중에 그들의 행복감에 젖어들고 있었다.

"행복해서 웃는 것이 아니라, 웃기 때문에 행복해진다."는 말이 얼핏 떠오른다. 나도 저들처럼 행복을 선사할 수는 없을지라도 불쾌감이나 불친절한 느낌을 주지 말아야 할 텐데 하는 마음으로 어두워진다.

낚싯줄을 드리우고

지난여름 처음으로 '가두리낚시터'라는 곳에 갔었다. 낚시를 좋아해서 간 것이 아니라, 큰아이가 우리에게 색다른 구경을 시켜준다며 함께 가자기에 못 이기는 척 따라나선 것이다.

나는 어촌에서 태어나고 자랐지만 어업에 관해서는 청맹과니나 다름없다. 집안사람은 물론 먼 친인척까지도 어업에 종사한 사람이 없어서 어업과 관련 있는 일들을 잘 모르고 살아왔다. 낚시질도 예외가 아니다. 내가 낚시를 해본 기억은 아마 초등학교 1~2학년 때쯤 동무들을 따라 첨대 낚시를 한두 번 해본 것이 전부일 것이다. 그러므로 낚시의 재미를 알 턱이 없다.

아들 내외와 손자, 손녀, 우리 내외 6명이 봉고차를 타고 당진 서남방 어느 해안 마을로 달려갔다. 바닷가에서 바로 낚시질을 하려니 생각했더니, 웬걸 조그만 배에 우리를 태우고 바다 한가운데 그물막이를 해둔 낚시장이었다. 아들은 이곳에 관한 정보를 알고 미리 예약을 해두었던 모양이다.

해안가 어촌이 훤히 바라다 보이는 바다 한가운데 여기저기에 엇비슷한 낚시장들이 설치되어 있었다. 낚시장은 바다 위에 조그만 가건물을 세워서 널판자를 깔아 평지처럼 만들어 놓고, 일광차단막을 쳐놓은 아래에 탁자와 의자들을 놓아두니 제법 운치 있는 해상카페 같았다. 너덧 평 됨 직한 그물망이 몇 개 쳐져 있는데, 이미 우리보다 먼저 와서 낚싯대를 드리우고 있는 사람들이 10여 명이나 있었다.

낚시터 주인한테서 고기 낚는 일체의 도구를 빌리고, 미끼를 사서 낚시질을 시작하였다. 먼저 자리 잡고 있는 사람들과 거리를 두고 앉아서, 슬금슬금 눈치를 보면서 그들이 하는 대로 따라서 하기로 했다. 고기가 있음 직한 곳에 낚싯줄을 던져 놓고 찌가 움직이는지를 마냥 주시하고 있는 것이다.

아무리 기다려도 물고기가 먹이를 건드리는 기척이 없어서 낚싯줄을 쳐들어보니 미끼는 이미 따먹고 빈 바늘만 드러나 있었다. 한두 번 그러기를 반복하더니 나중에는 미끼도 건드리지 않았다.

그런데 마주 보이는 자리에서는 연거푸 두세 마리를 낚아 올리는 것이 아닌가! 나중에는 다른 사람들도 여럿 그 자리로 몰려들어 낚싯줄을 드리우는 것을 보고 나도 따라 가까이 다가갔다. 그러나 소식 없기는 마찬가지였다.

나중엔 지루하고 흥미가 없어서 딴 생각을 하고 있는데 옆자리의 낚시꾼이 고기가 물었다고 알려주었다. 화들짝 놀라 줄을 당겼을 땐 이미 빈 낚시 바늘밖에 보이지 않았다.

바다낚시는 말 그대로 넓은 바다로 나가서 물고기가 많이 있을 만한 곳에서 낚시질을 하는 것으로만 생각했는데, 이미 잡은 물고기를 가두어 놓은 그물 방 안에서 낚시질을 한다는 것이 부자연스럽고 우스꽝스럽게 느껴졌다. 이런 형식의 낚시질은 자연을 가장한 상술의 연출이며 속임수에 불과하다는 생각이 들었다.

나중에야 알았지만, 낚시장 주인은 하루에 두 차례 딴 방에 가두어 놓은 고기를 풀어놓아서 낚으라고 하는 것이었다. 주인의 계산으로 평균 몇 마리씩은 잡을 수 있도록 계획하여 많이 잡거나 못 잡는 것은 온전히 낚시꾼의 기술이나 운수소관으로 자기의 책임은 아니라고 할 수 있을 것이다. 낚시장 입장요금으로 몇만 원씩 내고 들어가 주인의 관리를 받으며 충실한 조연배우로 연기를 해야 할 처지가 되었다.

겉모습으로 보아 단골손님인 듯한 사람들은 잽싼 손놀림으로 제법 손바닥 크기의 검정 돔들을 낚아 올리고, 여기저기서 다투어 낚아내는 소리가 왁자지껄 소란이 일고 있었으나 우리에겐 아무 소식이 없었다. 안타까운지 주인이 내 낚싯대로 한 마리를 낚아 주더니 점심때 안주 삼으라고 회 한 접시를 떠다 주었다. 주인의 호의가 고맙기 이를 데 없었다. 마치 크나큰 행운이라도 얻은 것처럼.

중국 제齊나라의 태공망太公望 강태공은 미끼 없는 낚싯줄을 웨이수이강渭水에 드리우고 세월을 낚으면서 때를 기다렸다니 그의 목적은 고기를 낚는 일이 아니었다. 조선조의 월산대군이나 고산 윤선도의 작품을 통하여서도 낚시질에 임하는 대인들의 정신세계를 엿볼 수가 있다.

추강秋江에 밤이 드니 물결이 차노매라/ 낚시 드리치니 고기 아니 무노매라/ 무심한 달빛만 싣고 뷘배 저어 오노매라.

\- 월산대군

水國슈국의 가을이 드니 고기마다 살져있다/ (닫드러라 닫드러라) / 萬頃澄波만경딩파의 슬카지 容與용여하자/ (지국총 지국총 어ᄉᆞ와)/ 人間인간을 도라보니 머도록 더욱 좋다.

\- 윤선도의 〈어부사시사〉 중에서

월산대군의 시에는 고기를 낚는 것보다 달빛에 젖은 흐뭇한 심경이 드러나 있다. 고기는 한 마리도 잡지 못하였을지라도 빈 배를 가득 채운 달빛으로 하여 충만한 흥겨움이 역설적으로 드러나 있다.

윤선도의 「어부사시사」에는, 가을이 되어 고기들이 살져 있으리라 생각하면서도 고기 낚으려는 마음은 전혀 없다. 오히려 강촌의 아름다움에 흠뻑 취하여 속된 인간세상마저 멀리서 바라볼수록 더욱 좋다고 노래하고 있다.

강태공이나 월산대군, 윤선도의 낚시질은 세상을 살아가는 일시적 방편으로서의 외양일 뿐이며, 보다 고차원한 이상세계를 지향하고 추구하는 진실한 내면세계의 역설적 표현인 것이다.

가두리 낚시장에서 한 마리라도 더 낚아보려고 좁은 그물망에 시선을 고정시키고 무의미한 시간을 보낸 내 모습을 떠올리며 쓴웃음을 지었다. 날로 저속화되어 가는 내 왜소한 모습이 부끄럽고 한심스럽기도 하였다. 그러나 그런 일이라도 없었다면 나를 거울에 비추어 보듯 바라볼 수도 없었을지도 모른다.

우리를 데리고 간 아들의 얼굴이 매우 피로해 보였다.

산인가 바다인가

고려가요 「청산별곡」의 작자는 "머루랑 다래랑 먹고 청산에 살아갈 것이로다"라고 공개적으로 다짐한다. 그런데 그는 얼마 동안 산에 살다가 싫증이 났는지 다시 바다에 가서 살겠노라고 마음을 바꾼다.

"나마자기 구조개랑 먹고 바다에 살아갈 것이로다."

살 것을 결심하면서 무엇을 먹고 살 것인가 우선적으로 생각하는 화자에게 나는 신뢰감을 느낀다. 현실성이 없는 꿈으로만 살아가려 하지 않고 현실의 돌다리를 두드리는 실속과 안목이 있다고 여겨지기 때문이다.

그런데 그는 바다로 가는 길목에서 술에 취하여 직면해 있는 마음의 고통을 잊어버리려고 한다. 그가 술에서 깨어난 후에 계획했던 그대로 바다로 갔을까? 아니면 되돌아왔을까? 나는 그가 바다로 갔다가 다시 산으로 돌아왔을 것이라고 확신한다.

만일 바다에 머물러 살았다면 노래의 제목이 「청산별곡」이 되지 않고 '임해별곡' 혹은 '사해별곡' 등 바다를 지칭하는 말로 명명했을 것이 아닌가.

사람들이 요산요수樂山樂水라는 말을 즐겨 쓴다.

어진 사람은 산을 좋아하고 지혜로운 사람은 물을 좋아한다는 『논어』의 장구章句가 마음에 들었던 것일까? 나도 한때 '바다가 보이는 높은 산을 좋아한다.'고 산과 바다를 둘 다 내세웠었다. 치기가 충만하던 젊은 시절이었다. 마치 좋아하기만 하면 저절로 인자도 되고 지자도 될 수 있는 것처럼 여겼으니 생각할수록 가관이다.

공자가 말한 '요수'의 물은 바닷물을 지적한 것도 아니고 바닷물이 물을 대표하는 것도 아닐 텐데, 나는 우격다짐으로 그랬었다. 그러나 언제부터인지 바다보다는 산에 더 마음이 쏠린다. 드넓은 바다는 바라보기만 해도 가슴이 툭 터지는 듯 시원하고 상쾌한 기분이 들지만, 이런 느낌이 마냥 지속되는 것은 아니다.

섬이나 바닷가에서 살아가는 사람들은 바다가 좋아서 살아간다기보다 바다가 생활이요 삶의 터전이 되기 때문일 것이다. 바다는 광활하여 대망을 품게도 하지만 그만큼 변화무쌍하여 예측할 수 없는 두려움의 대상이기도 하다.

그림같이 조용하고 아름답다가도 거센 바람은 금세 성난 사자처럼 포효하고, 굽이치는 파도는 온 세상을 삼킬 듯이 달려든다. 잔잔하던 바다가 공포의 대상으로 돌변하는 것이다. 그러므로 바다를 삶의 터전으로 의지하며 생활하는 사람들은 바다의 신을 섬기면서 그 위력 앞에 겸손한 마음을 지니고 살아갈 수밖에 없었을 것이다.

수년 전 민속학회에서 인도양의 작은 섬나라 몰디브를 여행한 적이 있다. 한 리조트에서 며칠을 지내면서 사파이어처럼 푸르고 맑은 바닷속 산호초 사이로 헤엄치는 현란한 무늬의 물고기들을 들여다볼 수 있었다.

그러나 멀리서 그려보면 낙원 같은 곳인데도 하루가 가기 전에 나는 적막과 권태를 참을 수 없었다. 너무나 조용하고 멀기만 한 바다, 그 광막한 대양을 대면하여 실존을 확인할 수 없는 것이 답답하고 견디기 어려웠다.

나는 바다 가까이 살았지만 바다를 안다고 말할 자신이 없다. 바다 표면의 물결과 수평선과 건져 올려진 바다 생물만으로 바다를 안다고 한다면, 대상을 지나치게 축소해버리는 일이 될 것이다.

산속이 있듯이 바닷속도 있다. 그리고 그 두 가지가 우리에게 주는 느낌은 엄청 다르다. 비밀스러운 오지라는 의미를 준다는 점에서는 공통되지만 전자가 고요함과 은밀함을 주는 데 반해서 후자는 신비함과 아름다움과 함께 위험과 공포의 신호를 준다.

그만큼 산의 문은 바다보다 훨씬 넓게 열려 있다. 사시절의 변화를 드러내지 않으면서 보여주고 보여주면서도 다 드러내지 않는다. 산에서는 생명의 숨소리를 도처에서 들을 수 있다. 산에는 계곡이 있고 계곡에는 물도 있다. 산에서 길을 잃어도 자만하지 않고 기다리면 산이 살길을 안내할 것이라는 생각이 든다. 산에서 자취를 감춘 채 돌아오지 못하는 사람은 드물다. 그러나 바다에서는 영영 돌아오지 못하는 사람은 수없이 많다.

왜 어진 사람은 산을 좋아하고 지혜로운 사람은 물을 좋아한다고 했을까? 어진 사람이 산을 좋아하는 것이 아니라, 산이 사람을 어질게 할 것이다. 그 웅숭깊음으로, 그 첩첩하고 그윽한 굽이의 넉넉함으로 산이 사람을 어질게 기를 것이다.

지혜로운 사람이 물을 좋아하는 것이 아니라, 물이 사람을 지혜롭게 할 것이다. 지혜롭지 않고 생각이 어둡거나 경솔하고서는 도저하게 흐르는 물을 사귈 수 없을 것이다. 더구나 그와 더불어 살아가기란 어려울 것이다. 둘 중 하나만 선택하라면 나는 망설이지 않고 산을 택하고 싶다.

세 남자

지난 6월 중순 지루한 장마가 시작되기 전, 경기도 포천의 산정호수에 다녀왔다. '산정山井'이라는 이미지가 더운 여름 날씨를 잠시나마 벗어날 수 있게 해 줄 것 같았다.

젊었을 때와는 달리 부부만 단출하게 여행하는 것도 이젠 싱겁고, 뜻이 맞는 친구들과 함께하는 것이 좋을 것 같아서 친구 부부 두 쌍을 불렀다. 아내의 학교 동기생으로 그동안 가끔 만나서 서로 터놓고 흉허물 없이 지내는 지기지우나 다름이 없는 분들이다.

한 부부는 강원도에서 중등학교 교장으로 정년퇴임을 하였고, 또 한 부부는 서울에서 어린이집을 함께 경영하고 있는 현역들이다. 그리고 우리는 날마다 무엇에 쫓기듯이 분주하게 살고 있는 실속 없는 백수들이다

만나면 서로 즐겁고 그냥 유쾌하여 시간 가는 줄 모른다. 여자들은 자기들끼리 마치 학창시절에 그랬던 것처럼 시끄럽게 떠들고 대담해지는 반면, 남자들은 또 그 나름대로 끊임없이 화두를 바꿔 가면서 대화하지만 그것은 어디까지나 여자들의 배경 노릇에 그칠 따름이다.

세 남자들은 외모가 서로 다른 것처럼 성격과 취향 또한 판이하고 나이도 조금씩 차이가 난다. 그중 J 씨는 장대한 체구로 진중하고 침착하며 덕성스런 외모를 지니고 있는 연장자이다. 언제나 조용조용 낮은 목소리로 사소한 일도 심각하게 표현하면서 듣는 이들을 긴장시킨다. 또 한 사람 K 씨는 키가 제일 크고 깡마른 체구로 늘 입가에 미소를 머금고 장난기와 유머를 지니고 사는 휴머니스트이다. 재치가 있어 순간적 판단력이 뛰어날 뿐만 아니라 운동신경도 예민하여 잡기에 능하

고 나이도 제일 젊다. 어떠한 놀이, 예컨대 윷이나 화투나 골프 같은 것도 그가 단연 뛰어난 편이다. 이에 비해 나는 말주변이 별로 없어서 그들의 재미있는 이야기에 그저 북장단 추임새로 끼어들기나 좋아하는 무색무취한 사람이다. 이렇듯 이질적인 남자들이 아내들과 함께 만나면 비빔밥처럼 잘 조화를 이루는 것은 50여 년 가까이 지속해온 여자들의 우정 때문이 아닌가 한다.

그런데 이번 산정호수 길엔 뜻밖에 J 씨가 오지 않고, 여자 혼자만 먼 길을 손수 운전하고 왔다. 빠지지 않고 홀로 낯선 길을 찾아온 그 정성이 고마우면서도 한편 민망스러워 마음이 편치 않았다. 그러나 막상 홀로 온 당사자는 아무렇지도 않다는 듯 담담한 표정이었다.

"너무 건강에 신경을 써. 엄살이야."

불평처럼 흘리는 몇 마디 말로 짐작하건대 건강이 옛날 같지 않은 모양이었다.

산정호수의 경치는 맑고 아름다웠다. 울창한 수림 속에 자리 잡은 호수는 이름처럼 정다운 친근미를 지니고 있었다. 청바지를 입고, 망원 렌즈가 달린 카메라를 메고 온 K 씨는 호수를 배경으로 이리저리 각도를 달리하면서 셔터를 누르기에 여념이 없었다. 호수 주변 길섶에 피어 있는 작은 들꽃들에도 진지한 애정의 눈길을 주면서 순간을 포착하려 애쓰던 포즈가 매력적이었다.

그런데, 그 K 씨가 중환자실에 누워 있다는 전갈을 받았다. 세 사나이 가운데 가장 젊은 나이요, 스트레스라고는 전혀 모를 것 같던 그가 뇌혈관 질환으로 119의 도움을 받아 입원해 있다니 전혀 믿어지지 않았다.

중환자실에서 이제 막 일반병실로 옮겨왔다는 침상 위의 그는 반쯤 뜬 눈으로 우리를 알아보는 듯 옛날의 그 장난스런 얼굴표정을 지어보였다. 몸에는 여러 가지 호스가 연결되어 있어서 함부로 움직일 수도, 말할 수도 없었으므로 겨우 필담으로 몇 마디 나눌 수밖에 없었다. 평소 어떤 지병도 없었을 뿐만 아니라, 그 나이 또래면 으레 지니고 있을 법한 고혈압이나 고지혈증 같은 것도 모르는 심신이 건강한 사람이었다. 그처럼 병원 문턱에도 가 볼 필요가 없던 사람은 아마 드물 것이다.

그러던 그가 하루아침에 그리 힘없이 쓰러질 수 있다면, 우리 가운데 언제 또 누가 그리 될 줄 모르는 일이라 생각하니 눈앞이 깜깜해진다. 언제 우리가 지난 계절처럼 다시 만나 너털웃음을 웃을 수 있을 것인지?

엊그제 연락해 보니 J 씨는 여전히 건강에 조심하면서 잘 있다고 한다. K 씨도 머잖아 병실의 침상을 털고 일어날 것이다. 그러나 언제까지 우리의 육신이 온전한 상태로 만남을 지속할 수 있을 것인지 모르겠다. 아마도 남자들부터 한둘씩 참석하지 못한 사람이 생겨날 것이다. 그런 날이 더디더디 오기를 바라는 것이 혹 과욕은 아닐 것인지.

이혼박물관

크로아티아의 수도 자그레브에서 별로 흔하지 않을 듯한 박물관을 보았다.

영문으로 'Muceum of broken relationships'라 새겨져 있는데 적확한 우리말로 옮기기가 곤란하다. '이혼박물관' 또는 '실연박물관'이라고 옮길 수 있을지 모르겠으나, '이혼박물관'이라고 하면 'relationships'을 너무 부부관계로만 한정하는 의미가 될 것이고, '실연박물관'이라 하면 외연은 무난할 수도 있겠지만 피동적인 의미만 부각되는 결함이 있다.

아무튼 이 박물관은 사랑하는 사람과 사별했거나 이별했거나 이혼한 사람과의 추억이 깃든 물건들을 한데 모아 전시해 놓은 곳이다. 전시품들은 인형에서부터 편지나 벨트, 시계 같은 다양한 물건들로 타인의 눈에는 평범해 보일 수도 있겠으나 당사자들에게는 아름다운 추억과 정겨운 사연이 담겨 있는 물건들일 것이다.

이 박물관은 크로아티아의 한 예술가에 의해 건립되었다는데, 국내는 물론 외국에까지 널리 알려진 후로 세계 여러 나라에서 기증된 물건들도 많다고 한다. 관계자의 말로는 앞으로 유럽은 물론 미국 등 여러 나라로도 이동 전시할 예정이라고 한다.

그런데 잠깐 스쳐 지나온 한 나그네에게는 쉽게 이해할 수 없는 일들이 남아서 기억 속에 어른거린다.

자그레브의 광장 중앙에 건립된 마르코 성당의 앞쪽으로 약간 경사진 길을 따라 내려가노라면 우측 길가에 이 나라 최초의 결혼예식장이라는 건물이 서 있다. 겉으로 보기에 상당히 큰 건물인데 언제 건립된 것인지는 모르겠으나, (아마 몇 백

년은 되었으리라.) 지금도 결혼예식장으로 사용되고 있는 현장임을 목도할 수 있었다.

그런데 이 예식장에서 어림잡아 60~70m밖에 되지 않는 거리의 맞은편에 '이혼박물관(?)'이라는 건물이 서 있는 것이다. 오랜 역사의 유서 깊은 결혼식장과 아주 가까운 거리에 이혼박물관이 마주서 있다는 것은 아무리 생각해도 명쾌하게 이해되지 않는다. 이혼박물관 건립자의 의도적 행위일까, 아니면 우연히 그렇게 된 결과적 현상일까?

서로 열렬히 사랑하여 일평생 해로할 부부가 될 것을 맹약하는 결혼식을 했던 것은 언제이고, 또 언제 헤어져서 아쉽고 그리울 사람의 체취가 서려 있는 물품들을 그 결혼예식장과 바로 이웃이나 다름없는 곳에 버릴 수 있는지. 물론 이 박물관에 사랑의 신표를 버린 사람들이 그 이웃해 있는 결혼식장에서 모두 결혼한 것은 아닐 테지만, 적어도 자그레브 시민들 중에는 많지 않을까 생각된다.

박물관을 세워 전시한다는 것은 다분히 관광객의 관심을 유발하려는 상업적 의도가 드러난 행위 같아 보인다. 그렇더라도 그 기발한 착상에는 감탄을 금할 수 없다.

또 하나는 전시된 물품들은 당사자들이 오래 간직하고 싶어도 간직할 수 없었던 어떤 불가피한 사정을 지닌 것들인가, 아니면 간직하고 싶지 않아서 박물관에 가져다 놓은 것들인가 하는 의문이 생긴다는 것이다. 전자의 경우라면 쉽게 공감하고 이해할 수 있는 일이다.

그러나 후자의 경우라면 두고 생각해 봐야 할 여지가 있다. 이곳 사정에 밝고 관광객들을 자주 안내하고 있는 가이드의 말을 들어보면 후자 쪽에 가까울 것이라 판단된다. 가이드는 "빨리 잊어버리기 위해 이곳에 갖다 버린 것들이어요!"라고 하였다.

동서양을 막론하고 사랑의 풍속도가 날로 달라지고 있는 것은 또 어쩔 수 없는 일이다. 그러나 어떤 상황에서도 쉬이 변할 수 없는 정서적 진실은 시대를 초월하여 존속할 수 있을 거라고 나는 생각한다.

"구슬이 바위에 떨어진들 끈이야 끊어지겠습니까?

즈믄 해를 외로이 살아간들 믿음이야 끊어지겠습니까?"

라고 노래한 고려 여인들의 웅숭깊은 사랑처럼 천년을 두고 변치 않을 사랑의 진정성은 시대와 장소를 초월할 수 있을 것이다.

그러나 우리 주변의 현실은 믿고 싶지 않을 정도로 날로 삭막해져 가고 있다. 연인 간의, 부부 간의 만남과 헤어짐이 너무나 가볍고 헤프게 벌어지고 있는 것이 현실이다. 한때는 서양 사람들의 황폐한 애정행각을 닮은 피상적 현상일 거라 치부한 적도 있었다. 그러나 날이 갈수록 통계 수치는 상승곡선을 보이고 있다. 젊은이들에 한정된 현상이 아니라는 데 문제의 심각성이 있다.

한 가정에 아버지와 어머니가 제각각 다른 자식들이 서로 뒤엉켜 살면서 그 아이들끼리 친화해 가는 방법을 터득하고 있다는 놀라운 소식이 들리기도 한다. 아직 우리나라에서는 이런 희비극이 일어나지 않고 있는 줄 알지만, 언제 돌림병처럼 번지게 될지 모르는 일이다.

만약 이런 세상이 된다면, 과거의 남편이나 아내, 또는 연인과의 추억을 고이 간직하고 싶은 마음이 어찌 남아 있을 수나 있을 것인가? 그래서 지난 사랑은 속히 잊을수록 좋다는 약삭빠른 계산이 나올 수도 있을 것이다.

아름답고 고귀한 추억을 지닌 물품들을 이젠 쓰레기처럼 버리게 되고, 그런 물건들을 받아서 전시까지 해주는 박물관이 생긴 것을 고마워하는 사람들이 날로 늘어나게 되겠지!

박물관이라고 해서 모두 다 그 존재 의의와 가치를 지니고 있는 것은 아닐 것이다. 이혼박물관이 꼭 있어야 할 필요성이 있을 것인지도 의문이거니와, 이혼이나 이별이 마치 무슨 표장表裝해야 할 일처럼 미화되는 것도 당치 않은 일. 유교적 전통사회에서 자라온 우리 같은 나그네의 눈으로는 쉽게 공감할 수 없었다.

제발 이런 왜곡된 인간관계가 우리나라에서는 유행(?)되지 않았으면 좋으련만, 그것도 모를 일이다.

제4부

하산하면서

두 비석

대마도에는 우리 선인들의 족적이 적잖이 남아 있으나, 그것들은 우리에게 자랑스럽기보다는 한스럽고 수치스러운 것들이 대부분이다. 우리에게 자랑스러운 유적은 그들에게는 부끄러운 흔적이 될 터이니 그러려니 접어 생각할 수밖에 없다.

그 여러 유적들 가운데 상반되는 역사적 면모를 보여주고 있는 두 곳이 풀리지 않은 과제처럼 무겁게 자리잡고 있다. 하나는 의성 김씨 문중에서 세운 '학봉김성일선생시비'이고,

다른 하나는 '면암최익현선생순국비'이다.

학봉鶴峯 김성일金誠一은 도산 이황의 문인으로 30세에 문과에 급제한 후 이조와 병조의 좌랑을 역임하고, 함경도와 황해도의 순무어사巡撫御使로 공을 세우는 등 큰 역할을 한 조선 중기의 이름 있는 문인이다. 1590년 그는 통신사로 정사 황윤길과 함께 일본의 동정을 살피기 위하여 부사로 파견되었었는데, 돌아와서 그는 "왜가 반드시 침입할 것"이라는 황윤길의 보고와는 상반된 보고를 하고, 일본의 침략에 대비한 축성공사築城工事를 중지할 것을 상소하기도 하였다. 당시 좌의정으로 있던 유성룡의 은근한 물음에는 "일본이 전쟁을 일으키지 않을 것이라고 확신하지 못한다."라고 대답함으로써 상황 파악은 황윤길과 다름없이 하였으나, 서인 황윤길의 견해에 반대하기 위하여 사실을 왜곡 보고하였던 것이다. 그 때문에 국난 대비를 중단하게 되었고, 임진왜란 때의 참패와 치욕은 이미 예정되어 있었던 것이나 다름없었다. 그는 조국의 명운보다는 사사로운 파당의 이익을 더 중시한 불충불의한 신하요, 욕된 선비의 표상이 된 인물이다.

그가 경상우도병마절도사로 재직 중 임진왜란이 일어났다.

그는 허위 보고한 죄로 파직되어 서울로 송환되었는데 유성룡의 간청으로 중벌을 면하고, 의병활동에 동참하였으나 병사하였다. 의성 김씨 문중에서 2000년 11월에 대마도에 세운 비석에 새겨진 시는 다음과 같다.

一堂簪蓋兩邦臣(한 자리에 의관을 갖춘 두 나라 신하)
區域雖殊義則均(사는 곳은 서로 달라도 의리와 법도는 같다네)
尊俎雍容歡意足(술자리의 조용한 용모 환영의 뜻에 만족하니)
傍人莫問主兼賓(길손들이여, 누가 주인이요 손님인지 묻지를 마오)

당시 조선 조야의 상황을 정탐하기 위하여 은밀히 우리 땅을 왕래하였던 일본 중僧 현소玄蘇의 접대를 받는 주석에서 지은 시일 것이다. 칠언절구七言絕句의 형식을 갖춘 한시로 내용은 그리 내세울 만한 수작은 아닌 것 같다. 기起 · 승乘구에는 자신의 사명과 임무를 올바르게 의식하고 있는 듯하지만, 전轉 · 결結구에서는 주객이 서로 동화, 혼융된 분위기에 빠져 막중한 국사보다 값싼 사적 정감에 탐닉하여 있는 모습이 드러나 있다.

현소는 풍신수길의 밀명을 받고 임진년 4~5년 전부터 조선 팔도를 답파하면서 교통로와 병영兵營, 성곽 등 전쟁수행에 필수적 정보들을 낱낱이 조사 기록하여 보고한 정탐꾼이요 국제 스파이다. 이런 음흉한 자의 속임수에 농락당하고 있는 학봉의 어리석은 모습을 보고 있는 듯하여 안타까운 마음을 금할 수 없다.

면암 최익현 선생은 일찍이 성리학의 거두 이항로 선생 문하에서 학문과 애국애족의 정신을 배운 올곧은 선비다. 당시 위세가 등등하던 대원군을 향하여 그 비정秕政을 비판하고 시정을 촉구한 상소를 올림으로써 대원군의 10년 정권을 고종의 친정체제로 바꿔놓았다. 병자수호조약 · 을미사변 등을 겪으면서 그의 항일구국이념은 상소문을 올리는 등의 개인적 평화적인 단계로부터 집단적 무력적 단계로 전환, 과감한 투쟁의 방법을 전개하였다. 1905년 을사늑약이 체결되자 그에 참여한 박제순 등 오적을 처단할 것을 주장하면서 74세의 고령으로 호남지방에서 의병을 일으켜 의병장으로 항일투쟁에 앞장섰다.

전북 순창에서 관군과 대적하여 싸울 수밖에 없는 상황이 되었을 때, '동족끼리 살육하는 싸움은 할 수 없다.'고 의병들에게 무기를 버리도록 명령하고 스스로 결박당하였다. 일본군 사령부로 압송된 면암 선생은 군율위반죄로 3년형을 선고받고 대마도에 이송되자 단식을 결행하여 아사 순국하셨다. 1986년 전 동국대 총장 황수영 박사를 중심으로 한 국내 사학자들이 뜻을 모아 세운 것이 면암 최익현 선생 순국비이다.

김성일 선생의 시비는 서산사에, 최익현 선생의 순국비는 수선사에 세워져 있다. 좁은 대마도 땅에 세워진, 서로 다른 의미를 지닌 이 두 개의 비석을 보고 돌아온 후, 때때로 내 마음속을 맴도는 혼란과 의문과 개탄을 지울 수가 없다.

수선사는 백제의 귀족 출신 비구니가 세웠다는 사찰로 순국한 면암 선생의 시신을 모시고 제사를 올렸던 곳이니, 면암 선생 순국비를 세운 것은 자연스런 일이다. 김성일의 시비는 왜 서산사에 세워진 것인가, 비석에 새겨 세울 만한 가치와 의미를 지닌 것인가. 서산사는 현소가 세웠던 '이정암以酊庵'이 소실된 후 이전된 사찰로 현소의 무덤도 그곳에 있다고 하니, 아마 현소와의 인연으로 김성일의 시비를 세우게 되었을 것이다.

임진왜란과 더불어 우리 민족으로서는 결코 잊을 수 없는 인물 중 하나가 바로 현소이다. 일본 사람들에겐 애국자일지 모르지만 우리에겐 간사 음험하고 요악한 사이비 중僧 땡초요, 일급 첩자이다. 그런 인물의 요사한 꾐에 빠져 희희낙락 대작하면서 지은 시일 시 분명한 일인데 그게 그리 영예롭고 기념할 만한 것일까?

한 나라의 녹을 받아먹고 산 관리로서, 아니 평범한 일개 선비라도 지켜야 될 당연한 도리는 먼저 대의를 취하고 나중에 제 이익을 꾀해야 하는 일이거늘, 어찌 소리를 탐하려고 대의를 그리 가벼이 저버릴 수 있단 말인가!

나는 대마도에 세워진 이 두 비석이 우리 후예들에게 보여주는 역사적 교훈과 생사관에 대하여, 그리고 죽어도 영원히 살 수 있는 진정 보람 있는 참삶에 대하여 생각해 본다.

독도를 바라보며

군함에서의 첫날밤이라 긴장하고 설렌 탓인지 새벽 3시에 잠을 깼다.

동해항을 떠난 것이 7월 2일 오후 6시 좀 지나서였으니 줄곧 9시간을 달린 셈이다. 독도까지 직선거리로 80km가 못 된다니 아마 지금쯤 거의 독도 인근에 도착했으리라 예상하면서 1층 갑판으로 올라가 봤다.

그러나 우리가 탄 향로봉함은 칠흑 같은 어둠 속 동해바다를 지난밤부터 한결같은 속도로 독도를 향하여 달리고 있었다. 아마 독도의 일출 시간에 맞추어 도착시키려고 가장 경제적인 속도로 운항하기 때문인가 생각되었다.

5시경 독도 부근에 접근하고 있다는 말이 들렸다. 부리나케 2층 갑판 위로 올라갔더니 이미 여러 사람들이 나와 있었다. 아직 날은 밝지 않았는데 성긴 빗방울이 바람 끝에 빗겨 내리고 희부연 안개 속에 독도의 모습이 드러나고 있었다.

아! 사랑하는 내 나라 땅 독도를 눈앞에서 보다니!

사위는 점차 밝아지고 있으나 짙게 내려앉은 검은 구름과 안개 때문에 일출의 광경은 볼 수가 없고, 독도의 근경도 선명하게 식별할 수가 없었다.

눈앞에 드러난 독도는 동도와 서도 두 개의 섬이 마치 쌍둥이처럼 서로 마주 보고 있는데 동도 상봉에는 등댓불이 밝게 빛나고 있었고, 서도에는 뾰족한 원추형의 상봉이 동도보다 훨씬 높이 하늘로 치솟아 있었다.

엔진이 정지된 함정은 동도 가까이 떠 있더니, 잠깐 사이에 서도 발치로 떠내려가고 있었다. 그때까지 독도 상륙에 관하여 아무런 소식이 없다가 드디어 상륙 불가 판정이 내려졌다는 것이다. 너무나 안타깝고 애석한 마음 이루다 표현할 수 없었다. 바람도 잔잔하고 파도도 별로 크게 일지 않는데, 이게 웬일이냐고 여기저기서 볼멘소리들이 터져 나오고 있었다. 어떤 사람은 "내가 해변에서 살고 있기 때문에 잘 아는데 이런 파도쯤은 아무 염려할 필요가 없어요!"라고 투덜거렸다. 나는 내심으로 연안바다와 심해의 조류나 유속이 다를 것이고, 아마 고무보트를 타고 접안해야 하는 위험성도 고려해야 할 것이며, 온 나라가 세월호 사건으로 고통을 겪고 있는 때라는 것도 유념해야 할 일이 아닐까 생각했다.

드디어 뱃머리를 울릉도가 있는 방향으로 바꾸어 흰 물살을 일으키면서 달려 나아가고 있었다. 벼르고 별러 왔더니 이렇게 허무하게 끝나버린단 말인가! 어디선가 나타난 갈매기들만 우리 함정의 주변을 맴돌고 사면을 둘러봐도 시야에 드러나는 사물 하나가 없었다.

우리 일행은 120명으로 남성들은 뱃머리를 향하여 좌측에, 여성들은 우측에 마련된 침실로 배정되어 있었다. 내가 속한 4조 11명은 〈제7상륙군 침실〉에서 잠을 잤다. 중앙 복도 양옆으로 3층 구조의 철제침대가 설치되어 있고, 침대 층간의 간격이 낮아서 머리를 숙여야 몸을 움직일 수 있을 지경이었다.

각 조의 침실에는 안내요원과 안전요원이 각 1명씩 배치되어 정 위치에 대기하고 있었기 때문에 조금도 불편한 점이 없었다.

손님 맞을 준비를 잘 갖추어 둔 상태로 침대에는 베개와 모포가 단정하고 정결하게 놓여 있었고, 군함이라는 느낌을 전혀 느낄 수 없을 만큼 실내는 안온하였다. 선실에서 만나는 모든 장병들은 우리들에게 먼저 공손히 인사를 하고, 혹 무슨 질문이라도 받으면 친절하면서도 예의 바르게 설명해 주었다. 그동안 카페리 같은 배를 타고 바다여행은 가끔 했지만 해군 함정을 타고 하는 여행은 처음이었으므로 모든 것이 새롭고 신기하기만 했다.

당초 예정되었던 여행 일정이 '세월호 참사'로 인하여 연기되고, 바다여행에 대한 안전성 여부가 크게 부각되던 때였으므로 소심한 분들은 적잖이 포기하기도 하였다. 어떻든 나는 안전성을 가장 신뢰할 수 있는 우리 해군 함정 여행의 기회를 놓치고 싶지 않았다.

함정에서는 세끼의 식사를 하였다. 첫날 저녁 식사, 그리고 둘쨋날 아침, 점심 등 각 조별로 순서를 따라 식당으로 안내되어 뷔페식 식사를 할 수 있었다. 끼니마다 식단이 달라지는 것은 그렇다 하더라도, 국이나 반찬의 내용이 질적으로 매우 우수하였다. 나는 식도락가도 아니고 영양학자도 아니므로 구체적으로 언급할 입장은 못 된다. 하지만, 솔직히 우리 집에서 먹던 것보다 더 잘 갖춰 진 음식들이 맛있고 좋았다.

선실 안의 식당이 아니라, 마치 오랜 전통을 지닌 어느 정통 한식당에서 식사하는 것처럼 착각할 정도였다. 잘 익은 갓김치, 파김치가 있는가 하면, 시원한 총각김치도 있고, 싱싱한 풋고추에 쌈장이랑 명란젓도 있었다. 쇠고기나 돼지고기볶음은 물론 두부, 애호박부침 등이 번갈아 나왔고, 도가니탕도 있었다. 음식 하나하나가 잘 요리되어 맛있을 뿐만 아니라, 영양도 균형을 잘 맞춘 것 같았다.

혹시 우리 일행을 의식하여 특별히 준비한 음식이 아닌가 하는 생각으로 맞은편에서 식사하는 어느 장교님에게 물었더니, 그분도 자신이 없는지 식당 사병에게 물었다.

"ㅇㅇㅇ 하사 ! 이거 특식인가?"

"특식은 내일 나오는데요."

라는 식당 사병의 대답이었다. 우리를 위해 특별히 마련한 음식이 아니라는 것이다.

나는 1960년대에 군복무를 하였는데, 그 시대의 열악하던 식사풍속을 말하자면 끝이 없을 것이다. 내 나이 20대 병영식사 풍속이 자꾸만 오버랩되어 왔다.

우리나라의 국력이 강해졌음을 군대식사 하나만 가지고도 웅변적으로 실증할 수가 있을 것 같았다. 해군 함정에서 세끼의 식사를 하면서 나는 정말로 행복하였다. 음식이 내 마음에 들어서도 그랬지만, 국방에 헌신하고 있는 우리 후세들에게 이렇게 좋은 대우(?)를 해줄 수 있는 국력을 지닌 나라의 국민이 되었다는 데서 느끼는 행복감이라 할 것이다.

울릉도에 도착한 것은 12시 가까운 시간이었다. 하선 시간을 기다리고 있는데 독도에서와 같이 상륙할 수 없으니 승선한 채 섬을 둘러보고 다시 동해항으로 돌아가게 되었다고 하였다. 제주도를 거쳐 남해안으로 올라오고 있는 장마전선의 영향으로 내일부터 울릉도의 모든 선박들은 출항 금지령이 내려졌기 때문이라 하였다. 머뭇거리다가는 울릉도에 묶여 있게 된다는 우려로 귀항을 서두르게 된 것이다.

먼발치로 건너다 본 울릉도는 선경을 방불케 하는 경관이었다. 우리의 섭섭한 마음을 위무해 주려는 듯 향로봉호는 천천히 울릉도의 주위를 돌고 있었다.

나는 삼층 조타실 좌측 전면에 설치된 고성능 망원경을 통하여 주마간산 격으로 여린 안개에 싸여 있는 울릉도의 경관을 살펴볼 수 있었다.

울릉도 개척민이 정착하여 이루었다는 천부마을, 천부항에서 해안길로 1.5km 지점에 우리나라 유일의 지하수 발전소라는 추산수력발전소, 추산 앞바다에 서 있는 코끼리바위, 약 3km 지점에 있는 열두 굽이의 현포항, 그 너머 동남동녀의 전설을 간직한 성하신당이 있는 태하리, 태하리에서 학포를 거쳐 구암마을, 통구미마을의 거북바위, 울릉도에서 유일한 백사장 해수욕장이 있다는 사동리 등에 관하여 주위의 병사들 설명을 들으면서 망원경의 초점을 맞추느라 정신이 없었다.

마치 우리의 이번 목적이 독도가 아닌 것처럼, 독도가 아닌 동해의 다른 곳인 것처럼 쓸쓸한 마음을 울릉도의 경관을 보면서 달랠 수밖에 없었다.

독도를 보러 열 번을 와도 정작 입도할 수 있는 것은 한두 번에 불과하다고 말하는 사람들도 있었다.

나는 그 오랜 세월에 단 한 번 왔으니 그가 문을 열어줄 리가 없을 것이다.

그냥 되돌아오면서 입속으로서 웅얼거렸다. 그대가 부를 때 다시 찾아가리라.

불편한 인과 관계

일본 여행의 마지막 날 일정은 나가사키였다. 우리는 안내자가 이끄는 대로 평화공원과 원폭자료관을 둘러보았다. 원자폭탄이 투하된 곳이라는 사실을 알리고도 남을 만큼 큰 규모로 많은 자료를 전시하고 있었다. 시계도 1945년 8월 9일 11시 2분, 원자폭탄이 투하된 순간에 멈춰 있고, 폐허로 변한 거리에 뒹구는 시체의 사진과 실물들이 전시되어 있었다.

세계 각국에서 보내온 메시지를 새겨놓은 기념비와 기념식

수, 다양한 이미지를 표현한 조각품들이 배치되어 있는 공원, 그 중심부에 세워진 9.7m 높이의 기념상과 바로 옆의 '절학折鶴의 몽夢'이라는 탑. 나는 그것들을 돌아보면서 뭔가 마음 깊은 속에서 꿈틀거리는 불편한 느낌을 지울 수 없었다. 그 불편의 한가운데에 '평화'라는 말이 있었다.

평화를 지향하고 원한다는 말이겠지. 그러나 공주에게는 공주가 되고 싶어 안달하는 '공주병'이 없듯이. 평화로운 상태에서는 굳이 '평화'를 내세워 강조하지는 않을 것이다.

우리나라에도 제주도에 '4 · 3 평화공원'이 있고 충북 영동군에 '노근리 평화공원'이 있다. 또 실현될는지 확실하지 않지만 최근 대통령이 제안한 'DMZ 평화공원'도 떠오른다. 이들은 모두 평화와 대치되는 역사를 가진 지역의 이름이면서 동시에 평화를 절실하게 열망하는 이름이다. 젊은 시절, 철학개론 시간에 교수님은 인간이 추구하는 정신 가운데 가장 아름다운 가치가 무엇이냐고 물었었다. 많은 학생들이 자신만만하게 "사랑입니다."라고 대답했다. 그러나 교수님이 제시한 정답은 '평화'였다. 평화가 사랑보다 상위 차원이라는 것이었다. 당시에는 얼른 동의하기 어려웠다. 아마도 피끓는 젊은 시절이었기 때문이 아니었을까 생각된다. 하루하루의 삶도 희망과 사랑도 평화를 밑받침하고서야 존립할 수 있다는 것을 깨닫는 데에 그리 긴 시간이 필요하지 않았다.

거리를 걷다 보면 교회나 시장, 가게의 상호에 이르기까지 평화를 내세운 이름들은 많다. 그러나 그 말은 언제나 관념과 추상에 머무르고 만다. 서로 다른 이념과 사상, 체제의 대립과 갈등으로 평화롭지 못한 현실 속에 반세기가 넘게 살아오면서 우리들은 평화라는 말을 이상 속에 떠올리는 먼 나라의 표어처럼 그리워하고 있는 것 같다.

그러나 일본이 평화공원을 조성한 의도는 우리와 다르다. 그들의 평화공원은 사건의 전말을 묻어놓고 결과로 나타난 현상만을 호도하여 적반하장의 핑계와 변명을 마련하려는 분출구로 보인다. 물론 그 이면에는 원폭피해라는 희생이 있었다.

일본 제국주의자들은 그들의 침략전쟁을 '대동아전쟁'이라고 미화하면서 동아시아 여러 나라를 무력으로 지배하고 죄 없는 타국 백성들을 징용하여 그들의 야욕을 위한 희생물로 삼았던 사람들이다. 그 전쟁이 왜 시작되었으며, 원자폭탄이 왜 투하되게 되었는지에 대한 단 한마디의 반성과 성찰은 없이 폭탄투하로 입었던 피해와 참혹상만을 전시하고 있으니 그들은 참으로 철면피하다.

'날개가 꺾인 학의 꿈(절학의 몽)'이 형상화된 탑을 둘러보면서 "그래서 어쨌단 말이냐?"라고 나는 속으로 중얼거렸다. 많은 종이학을 매달아 놓고 있는 것으로 볼 때, 여러 사람들의 꿈이 짓밟힌 의미의 형상화로 볼 수도 있겠지만, 또한 '일본제국의 꿈'이 짓밟혔다는 의미를 내포하고 있는 것이다. 일본의 꿈은 평화가 아니라 세계제패였고, 그것은 평화를 희생하면서 관철하려던 야심이었다.

1945년 8월 15일 히로히토 일본왕의 항복선언('대동아전쟁종결조서')에는 전쟁에 대한 사과나 패배 인정에 대한 언급은 없고, 오히려 "연합군의 원자폭탄에 일본이 큰 피해를 당했다. 미국과 영국에 선전포고한 까닭도 제국의 자존과 동아시아의 안정을 열망함이지, 타국의 주권을 배제하고 영토를 범하는 것은 짐의 뜻이 아니었다."라고 하였다. 그로부터 반세기를 훌쩍 넘긴 지금도 그들은 그때와 조금도 달라진 것이 없다. 그들에게 무엇을 기대할 수 있겠는가.

전쟁을 일으킨 최고 책임자가 '동아시아의 안정'을 위하여 전쟁을 일으킨 것이라고 궤변을 늘어놓은 것을 보면, 그들의 역사인식이 얼마나 자기기만에 매몰되어 있는지 알 수 있다.

최근 아베정권의 우경화경향은 그동안 줄곧 잠복돼 왔던 흐름이 정치가들의 정권야욕 때문에 표면화되고 있는 현상으로 결코 일시적으로 끝날 일이 아닌 것이다. 조그만 어촌의 문제로 시작한 시마네현의 독도문제를 끈질기게 확대 재생산해 오면서 국제적 분쟁으로 확산해 가려는 그들의 치밀한 전략을 보면서 우리들 후세대를 염려하지 않을 수 없다.

전쟁을 위한 평화는 있을 수 없어도 평화를 위한 전쟁은 있어 왔고, 또 앞으로도 일어날 수 있을 것이다.

평화공원? 납득이 되지 않은 부르짖음처럼 판단력을 흐리게 하는 이름이다.

더욱 큰 문제는 그들이 아직도 상극과 갈등, 저주와 원한 같은 통렬한 적대감정을 극복하여 조화롭고 화평한 미래를 열어가려고 하지 않는다는 점이다. 나는 그저 법을 지키는 소시민에 불과할 뿐 투철한 애국심의 소유자라고 생각해본 적은 없다. 그동안 우리나라의 정치가들도 무수히 여기를 다녀갔을 것인데 이 공허하고 쓸쓸하고 노엽기까지 한 느낌은 나만의 이상한 과

민반응인지…. 판단이 어지러워진다.

시간은 벌써 오후로 접어들고 있었지만, 넓은 마당을 지나 층계를 내려오면서 아침에 먹은 것이 아직도 소화가 되지 않은 것처럼 속이 더부룩하였다.

'화해의 길'을 걸으며

바티칸 시국市國에 도착한 것은 10시가 넘어서였다. 가이드 없이 우리끼리 찾아가는 길이라 아침 일찍부터 준비를 하고 서둘러 출발했으나 시간이 상당히 걸렸다.

크루즈에서 하선 안내를 받아 대기하고 있던 셔틀버스를 타고 기차역으로 갔다. 바티칸 가까운 역까지는 40여 분 걸린다니 그렇게 가까운 거리는 아닌 셈이다. 처음으로 이탈리아의 열차를 타보는 경험을 하게 된 것이다. 우리나라의 KTX 수준에는 미치지 못하는 것 같은 인상을 받았다. 지정좌석이 없었으므로 두리번거리다가 아무데나 빈자리를 찾아 앉았다. 자세히 살펴보니 2층 열차인데 빈 좌석이 없이 거의 만원이 된 것은 바티칸으로 가는 관광객들 때문인 듯하였다.

영상매체를 통하여 자주 보았던 교황청 건물의 위용은 열차칸 안에서도 볼 수 있었으나, 막상 걸어서 찾아가기는 그리 쉽지 않았다. 스마트 폰에 나타난 길 안내를 받으며 같은 방향으로 급히 걷는 사람들을 놓치지 않고 따라갔더니 교황청 후문에 이르렀다. 기차역에서 약 20여 분 거리에 있었다.

로마시 바티칸 언덕에 세워진 성베드로대성당, 베드로의 무덤 위에 세웠다는 그 장엄한 건물이 눈앞에 나타나 보였다. 15m 높이의 대리석 원기둥 수백 개가 건물을 둘러 줄지어 서 있고, 그 위에 140여 개의 성인상聖人像들이 세워져 있는 숭엄한 모습! 수십만 신도들이 한꺼번에 예배를 볼 수 있는 광장과 '천사의 성'으로 바로 이어지는, 일직선으로 난 길을 '화해의 길'이라고 하였다.

1929년에 이탈리아 파시스트 무솔리니 총리와 가스파리 추기경 사이에 체결된 조약(라테라노)에 의하여 바티칸 시국이

탄생되었고 가톨릭교가 이탈리아 국교로 정해졌는데, 이를 기념하여 베드로 대성당으로부터 정문까지 일직선으로 뻗은 길을 '화해의 길'이라 부르게 되었다고 한다. 길 양쪽에는 엇비슷한 건물들이 줄지어 있었다.

드넓은 광장은 물론 거의 모든 길들엔 대리석이 깔려 있는데. 특히 '화해의 길'은 오랜 세월 수많은 사람들의 발자국에 닳은 탓인지 유리거울처럼 투명하게 들이비쳤다. 대리석의 특유한 무늬가 아름답게 드러나 보였다. 길이라면 으레 시멘트 아니면 검은 아스팔트로 포장된 것만 보아온 나에게 대리석이 깔린 도로는 사치스럽고 호사스럽다는 생각이 들었다.

로마바티칸 박물관에 입장하려는 관광객들이 수백 미터나 몇 갈래로 이어져 있어서, 우리가 그 긴 줄의 맨 끝에 선다면 몇 시간이나 걸릴지 예상할 수조차 없었다. 같은 크루즈 선객들을 군데군데에서 마주쳤는데 그들도 바티칸 궁전 내부 관람은 포기한다고 하였다. 해안에 정박해 있는 크루즈에 오후 6시까지는 되돌아가야 하기 때문이었다.

반들거리는 대리석 길을 걸어서 '천사의 성'으로 향했다.

천사의 성(Castel Sant Angelo)은 원형으로 된 웅장한 건물이었다. 창궐하던 흑사병을 물리쳤다는 대천사 미카엘 조각상을 건물 꼭대기에 세운 뒤부터 '천사의 성'이라 부르게 되었다고 한다.

천사의 성 가까운 길 한쪽에서 바이올린을 켜고 있는 한 사나이가 있었다. 키가 훤칠하게 큰 60대쯤 되었을 것 같은 남자가 따갑게 내리쪼이는 햇볕을 정면으로 받고 서서 예사롭지 않은 곡을 연주하고 있었다. 그는 단순한 거리의 악사 같지가 않았다. 무슨 곡인지 알 수 없는 그가 켜는 아름답고 신비로운 곡조에 이끌려 나는 그냥 그 자리를 지나치지 못했다. 무리지어 왕래하는 여행객들 속에서 앞서간 일행이 큰 소리로 나를 부르지 않았더라면 나는 아마 그대로 그 자리에 계속 서 있었을 것이다.

12시가 다 되어가는 때 점심 먹을 레스토랑을 찾아가는 길에 다리를 건너가게 되었는데, 그게 바로 '천사의 다리'였다. 천사의 성에서 바로 테베로 강을 건너갈 수 있도록 건설된 이 다리에는 천사의 조각상像 8개가 다리 양쪽 난간 위에 서로 대칭을 이루고 있었다. 다리 위에서 고개를 들면 높다란 천사의 성 꼭대기에 대천사 미카엘 상이 굽어보고, 다리 위에는

4쌍의 서로 다른 형상의 천사 상들이 하나같이 두 날개를 펼치고 있었다. 바티칸을 벗어나서도 가는 데마다 고대 문화재급 건축물들을 쉽게 만날 수 있었다. 어떤 길가에는 붉은색 줄을 둘러쳐 놨는데, 움푹 파진 땅속에 옛날 어느 세도가의 정원일 듯한 문화재가 발굴되고 있었다.

그렁저렁 로마 거리를 구경하면서 걷다가 전쟁기념관 앞에 이르렀다. 겉으로 보이는 그 규모와 조각품들의 웅장하면서도 아름다운 모습은 보는 사람들을 압도하기에 충분하였다. 건물 내부에는 더 놀라운 전시물들이 있을 줄 알면서도 배가 떠날 시간 안에 도착하기 위하여 발길을 재촉하여 돌아올 수밖에 없었다.

먼발치로 천사의 성을 바라보면서 돌아가는 길에, 내 뇌리에 박혀 있는 거리의 악사가 궁금했다. 수백 년 또는 수천 년의 역사를 품고 있는 장대하고도 아름다운 건물들 아래에서 검붉은 얼굴의 초라한 악사가 켜던 신비로운 선율이 귓가를 맴도는 것 같았다.

그때 찍었던 사진을 이제 꼼꼼히 드려다 보니, 소형 확성기에 연결된 마이크 가까이에서 악기를 켰었고, 그 앞에는 악기의 빈 케이스를 펼쳐 놓았는데 동전 몇 입이 흩어져 있었다. 그때 현장에서 나는 전혀 이런 것들을 보지 못하고 오직 그가 켜는 아름다운 곡조에만 도취되었던 것이다. 많은 관광객들이 왕래하는 소란한 길거리에서 내가 왜 그의 연주곡에 이끌려 망연히 서 있었던지 모르겠다.

어쩌면 그 악사가 켠 음악소리를 천사의 선율처럼 느꼈던 것인지, 아니면 외형으로 부조된 정형화된 건물들에서보다 내면으로 젖어드는 한 줄기 깊은 생명의 가락에 더 감동을 받게 되었던 것인지 알 수 없다. 또 한편으론 오늘날의 세계종교들이 인류의 구원이나 인간의 구제와 같은 제 본래의 사명보다는 화려한 바벨탑을 쌓아올리기에 여념이 없고, 범람하는 세속의 파도 속에서 서로 자기 종교의 교리만 위대한 진리라고 다투고 있는 현실을 탄식하는 하늘의 소리로 들렸는지 분간할 수가 없다.

사람의 향내

이 나무를 내가 처음 본 것은 조선대학교 중앙현관 입구에서일 것이다. 생육 상태가 별로 좋아 보이지 않은 고목에 영양을 보충하는 수액을 넣느라 링거 병이 늘 매달려 있었다. 잎이 크고 단단해 보이는 줄기가 예사로운 나무 같지 않았고, 지극 정성으로 돌봄을 받고 있는 품으로 보아 무슨 사연이 있지 않을까 싶었다.

나중에 알게 사실은 대학 설립자님께서 애지중지하는 '태산목'인데 수령은 족히 고희는 넘었으리라고 했다. 내가 정년퇴임할 때까지도 생존해 있었으니, 그 나무가 지금까지 살아 있다면 아마 백수는 족히 넘었을 것이다.

금년 6월 중순경 천리포수목원에서 장수처럼 우람하고도 청청한 태산목을 우연찮게 만났다. 무성한 잎새를 무수히 안고 있는 가지들은 완만한 원뿔형을 이루고 창공을 향하여 거침없이 자라고 있었다. 어른 손바닥 서너 개를 합쳐 놓은 듯이 크고 하얀 꽃송이도 피우고 있었다. '태산목'이라는 그 이름만으로 나는 꽃나무는 아니리라 짐작하고 있었는데, 진한 향기를 내뿜는 꽃까지 피우고 있는 그 장대한 모습이 대견스럽고 믿음직스러웠다.

그런데 놀라운 일은 그 나무 아래에 '민병갈 박사의 나무'라는 조그만 표지판이 놓여 있는 것이다. 안내인의 말인즉, 천리포수목원의 설립자인 민병갈(Carl Ferris Miller) 박사가 돌아가신 후 한국식 묘지를 썼는데, 그분의 유지遺旨, "내가 죽거든 묘를 쓰지 말라. 묘 쓸 자리에 나무 한 그루라도 더 심어라."에 어긋나는 일이라 하여 태산목 아래로 옮겨 수목장을 조성했다는 것이다.

그 이름에서 유추되는 이미지에 조금도 어긋나지 않은 이 나무와의 해후를 나는 천리포수목원을 산책하는 시간 내내 반추하고 있었다. 언젠가 들은 것 같기도 한 민병갈 씨의 생애를 그가 조성한 수목원에 와서 생생히 접할 수 있게 된 것이다.

그는 1945년 미해군 장교로 한국에 왔다 전역한 후 미군정청 정책고문관으로 다시 와서 한국은행에 취업하여 퇴직할 때까지 유난히 한옥생활을 즐겼다고 한다.

그가 1962년 천리포 해변의 모래 둔덕 땅 3천여 평을 산 것이 그 생애의 전환점이 된 것이다. 과년한 여식 혼비 마련 때문에 팔아야 한다는 어느 촌로의 간절한 호소에 감동해서 저지른 일이었다. 이것을 시작으로 민둥산과 황폐한 들 18만 평을 사서 수목원을 조성하기 시작한 것이 1970년, 그의 나이 50세 때의 일이다.

강력하게 반대하는 어머니를 3년 동안 설득하여 한국에 귀화한 후, 이곳 입지에 적합한 식물을 선택하여 집중적 노력으로 우리나라에서 가장 많은 15,600 종류의 초목이 어우러져 있는 아름다운 정원 풍경의 수목원을 조성하였다. 특히 다국간 종자 교환 프로그램인 인덱스 세미넘(Index Seminum)에 가입하여 활용함으로써 식물 도입비용을 절감하는 한편, 외국에 널리 알리는 계기를 마련하였다. 그동안 국제수목학회 등 여러 국제행사를 유치하여 해외에도 널리 알려진 유명한 수목원으로 정착된 것이다. 2002년에 타계하였으니, 그의 82년간의 생애 중 60여 년 동안 한국 땅에서 홀로 살면서 이룬 수목원을 '공익재단법인'으로 우리에게 남겨주고 한국 땅에 뼈를 묻은 걸출한 인물이다.

6월의 훈풍을 타고 온갖 화초들이 어우러져 뿜어내는 짙은 향기는 뭐라 형용할 수 없는 몽환의 세계를 펼쳐 주는 듯하였다. 도연명의 무릉도원이나 천상의 낙원이 이러할지? 도무지 나는 어림짐작조차 할 수 없는 미의 극치를 드러내 보이고 있었다.

갖가지 형태와 색채와 향기를 띠고 있는 화초들은 말할 것 없거니와 수목들 또한 그에 뒤지지 않았다. 줄기가 곧고 굵으며 수십 미터나 높이 자란 나무로부터 땅바닥에 엎드려 자라는 나무에 이르기까지, 한국 토종나무는 물론 세계 각지에서 입양해 온 나무들까지 이루 헤아리기 어려웠다. 그 모든 초목들이 마치 제 태생지에서 제 성품대로 자라고 있는 듯이 조화롭고 아름다우며 기세 좋게 성장하고 있었다.

20대의 미국 청년 Miller 씨가 한국의 무엇에 이끌려 그 인생의 모든 것을 이 나라 땅에 오롯이 바치고 가게 되었는지 모르겠다. 다만 그분이 남긴 수목원을 통하여 느끼고 헤아릴 수밖에 없으니, 유방백세流芳百世라는 교훈을 떠올리게 된다. 그가 남긴 향기, 그가 지녔던 향내는 앞으로 영원히 남아 한국인의 마음속, 한국인의 가슴속을 적셔줄 것이다. 이제 20대의 청년 같은 '민병갈 박사의 나무'는 몇 백천 년의 수를 누릴 수 있으리라.

산속 숲길

취향도 연륜에 따라 달라지는가 보다. 젊은 시절엔 바다가 좋았다. 바다를 바라보는 것이 좋아서 산에 오르기를 즐겼다. 끝없이 펼쳐진 망망대해를 바라보노라면 모든 우수번뇌가 사라지고 마치 날개라도 달린 양 먼 수평선 너머의 세계로 날아가는 꿈을 꾸곤 했었다.

짙은 해무海霧 속에서 방황하는 돛배처럼 갈 길도 방향도 찾지 못하고 있던 시절, 산에 올라 망연히 바다를 바라보면 없던

길이 터지는 것 같은 후련한 느낌을 받을 수도 있었다.

그런데 언제부터인지 바다보다 산을 더 좋아하게 되었다. 구태여 높은 산이나 이름 있는 산이 아니더라도 울창한 나무숲에 오솔길이 있으면 좋다. 마음 맞는 벗하고 함께 걸으며 도란도란 세상 얘기를 나누어도 좋고, 아니면 혼자라도 쉬엄쉬엄 걸으며 순서 없이 떠오르는 사념에 잠기는 것도 좋다.

우리나라에는 산이 많다. 아니 거의 산지로 이루어진 국토라 해도 과언이 아니다. 나는 한때 우리 국토에 산들이 차지하고 있는 지역이 너무 많아 탄식한 적도 있었다. 그렇잖아도 좁은 땅에 웬 산지가 이렇게도 많은가 하고. 온 국토가 마치 산으로만 형성된 것처럼 보인다. 겨우 몇 백 미터 정도 되는 산에 올라만 가보아도, 산들이 얼마나 많은 지 확인할 수 있다. 산 위에 산이 있고, 산 아래 산들이 중첩되고 이어져 있다. 온통 산지뿐 널따란 광야나 평지는 별로 보이지 않는다.

어쩌다 캐나다나 미국 · 중국 같은 나라들을 여행하다 보면, 가도 가도 끝없이 펼쳐진 들판, 산 하나 보이지 않는 그 드넓은 평야가 그렇게 부러울 수가 없었다. 그러나 이제 생각해 보니, 만약 그런 광야 같은 데에서 산다면 자연의 압도적인 위엄과 위력 앞에서 인간의 존재가 무화되는 절대적 허무나 절망감에 사로잡힐 것만 같다. 이는 그런 국토가 없는 작은 나라 사람의 자기 위안이거나 기우요 망상일지 모르지만 ···.

어떻든 나는 가는 데마다 산이 있고, 양지바른 산자락에 논밭을 일구고 사람과 자연이 조화로운 모습으로 더불어 살아가는 내 나라, 우리 국토가 좋다. 좁은 국토라도 잘 활용하여 넓게 사는 지혜를 터득하면 될 것이다.

산길을 걸으며 때때로 아쉬움을 느끼는 것은 너무 무잡한 수림으로 이루어진 산들이 대부분이라는 것이다. 1950~60년대 헐벗은 산들에 우선 나무를 심자는 녹화운동을 전개한 이래 녹화에는 성공하였을지 모르지만, 숲의 경제적 · 생태적 · 관광적 가치를 창출하는 데에는 아직 미치지 못하고 있다. 관계당국의 정책수립과 그 시행이 어느 수준에 와 있는지 모르겠으나, 삶의 질을 중시하는 이 시대에 숲의 가치는 무한하다는 사실을 외면할 수는 없을 것이다.

때마침 정부에서는 동서 · 남해안선과 DMZ 접경지까지 연결하는 4500Km의 '코리아 둘레길' 조성 계획을 수립했다고 하니 기대할 만한 일이다. 그대로 잘 조성 운영하기만 한다면,

구태여 산티아고 순례길을 걷기 위하여 스페인까지 갈 필요도 없을 것이다. 나와 같은 초보자도 풍광 좋은 강원도 화천으로부터 시작하여 속초, 강릉을 거쳐 울진으로 이어지는 '해파랑길'을 걷고 싶다. 송강의 「관동별곡」을 읊조리며 운치 있는 소나무 숲의 여정을 즐겨보고 싶다.

약초와 독초

"지자知者는 요수樂水요 인자仁者는 요산樂山"이라는 공자의 말이 유난히 마음에 와 닿았었다. 20대 치기稚氣 많던 시절에 어질고도 지혜로운 사람이 되고 싶은 욕심에 나는 "바다가 보이는 높은 산을 좋아한다."고 물과 산을 한꺼번에 떠들었던 일이 생각난다.

어질면서도 지혜로움을 갖춘 사람이 마음먹은 대로 쉽게 될 수 있는 일인가? 그것은 성인군자에게서나 기대할 수 있는 일이다. 나 같은 범부는 감히 꿈도 못 꿀 일이라는 것을 나이테가 늘어가면서 깨닫게 된다.

그래서 지자나 인자가 되는 것은 접어두고 산이든 강이든 순수한 자연으로서 좋아하자고 마음먹었을 것이다. 아니, 그렇게 마음먹기 전에 도시생활에 부대끼면서 부지중에 좋아하게 되었으리라. 언제부터인지 나는 강보다 산을 더 가까이하며 살아가고 있다.

미국 메릴랜드 주에 특이한 이름의 산이 있다. 'Sugarloaf Mountain'(설탕덩어리 산?), 설탕과 무슨 관련이 있는가 싶었는데 나중에 알고 보니 산 모양에서 유래된 이름이라고 한다. 브라질에도 똑같은 이름으로 불리는 산이 있다. 브라질에서는 사탕수수를 끓여서 정제한 후에 '슈가로프'라고 부르는 원뿔 모양의 진흙 용기에 보관하는데, 산의 모양이 꼭 그 용기를 닮은 데서 유래되었다는 것이다.

메릴랜드 주 몽고메리 카운티에 속해 있는 이 산은 높이가 391m로서 친근미 있고 아담하다. 미국은 원래 광대한 나라여서 산이라고 하면, 요세미티나 아파라치 산맥처럼 험준하고 장엄한 산들을 떠올리게 된다. 그런 산들은 우리나라 산처럼 안온하고 친근미를 느끼게 되기보다 웅장 거대한 경관이 위압적이어서 인간을 쉽사리 용인하려 들지 않는 듯한 느낌을 받게 된다.

그런데 이 슈가로프 산은 우리나라 산골마을에서 흔히 볼 수 있는 뒷동산 같아서 내 나라 땅처럼 다정스러웠다. 야트막한 산에는 원시림처럼 절로 자란 초목들이 우거져 있고, 정상에 오르는 길도 여러 방향으로 나 있었다. 승용차로 숲의 터널을 뚫고 산 중턱까지 갈 수 있는데 마치 심산유곡을 방불케 하였다. 100여 개의 돌계단과 나무계단으로 정상에 오르니 동서남북 일대가 한눈 아래 드러나 보였다. 아파라치 산맥이 아스라이 하늘과 맞닿아 있고, 바로 눈 아래는 목초지와 골프장들이 줄 긋듯이 펼쳐져 있어 그림처럼 아름다웠다.

이 산에서 바라다보이는 주위의 경관보다는 이 산이 안으로 품고 있는 미덕이 더 좋고 아름답게 느껴졌다.

1947년에 고든 스트롱(Gordon Strong)이라는 사람이 조성한 신탁기금으로 등산로와 그 밖의 관광시설들을 만들고, 현재까지 유지 보수하고 있다고 하였다. 우리나라 같으면 국립공원이나 도립공원으로 보호함 직한데 일개 스트롱홀드 주식

회사에서 관리하고 있으면서도 입장비나 주차비 등은 한푼도 받지 않았다. 주택지로부터 별로 멀지 않아 가벼운 차림으로 나온 시민들이며, 자연학습을 나온 학생들에게도 좋은 휴식처와 학습장이 되고 있었다.

이 산에는 4천몇 백 종의 나무와 꽃들이 서식하고 있는데 그 가운데서도 지천으로 피어 있는 만병초(萬病草, rhododendron)에 마음이 끌렸다. 이 나무는 우리나라에서도 흔히 볼 수 있는데 그동안 나는 모르고 있었다. 한약재로서 풍사風邪를 몰아내고 경락經絡을 통하게 한단다. 이역만리 타국 땅에 와서 만병초에 관심을 기울이게 된 것은 독성 있는 담쟁이넝쿨 때문이었다.

이 담쟁이넝쿨(poisn ivy)은 아무데서나 잘 자라는데, 어릴 때는 앙증맞은 잡초처럼 보이다가 커가면서 담쟁이넝쿨의 모습으로 큰 나무 등걸을 타고 오른다. 독성을 지니고 있어서 함부로 만지거나 피부에 닿으면 곧 부작용을 일으킨다. 피부가 가렵고 진물이 나는데 그 진물로도 옮아서 쉬이 온몸으로 번지면 크게 고생한다고 한다. 이 넝쿨을 불에 태우면 연기만 마셔도 허파를 손상시켜 생명의 위험을 초래하게 된다니 산에 오르면서도 조심하지 않을 수 없었다.

미국 땅에서 모처럼 야트막한 산에 올라 에덴동산에서나 느낄 법한 행복감을 느끼고 있는데 바로 내 발부리 끝에 맹독을 지닌 담쟁이가 있다는 경고를 들으니 충만한 정감은 산산조각이 나버리고 말았다. 왜 이런 아름다운 동산에 인간에게 이로운 만병초와 함께 맹독을 지닌 담쟁이가 태어나게 되었을까? 이 담쟁이 때문에 금시에 마음속에 일어나는 이해利害, 정사正邪, 시비是非, 곡직曲直, 화복禍福 같은 상호 길항拮抗하는 감정에 빠지게 되다니!

태초에 창조주는 이 지상의 모든 생명체들을 평등하고 아름답고 조화로운 모습으로 살아갈 수 있도록 만드셨을 텐데, 인간중심주의적 선악과 이해의 관념으로 자연계를 함부로 판단하고 분별하고 있는 것은 아닐까?

장미꽃이 향내와 가시를 지니고 있듯이 만병초나 담쟁이넝쿨이 향기나 독성을 지니게 된 것도 생명 그 자체의 한 특성이요 개성일 텐데, 이를 호오好惡의 관념으로 분별하려는 것은 온당치 못한 일인지도 모르겠다.

어쩌면 우리는 이 슈가로프 산속의 초목 같은 존재들이 아닐는지? 이 숲 속의 초목들처럼 다 제 나름의 특성을 지니고서도 서로 잘 어울려 살 수 없을 것인지? 석양녘에 접어들면서 점차 어두워져 가는 산길을 찾아 조심스럽게 내려왔다.

하산하면서

지난해에 크로아티아를 여행하면서 뜻하지 않게 파클레니카(Paklenica) 국립공원을 오르게 되었다. 거기는 다양한 등반 코스가 있어서 취향에 따라 선택할 수 있었고, 암벽의 중요한 지점이나 위험한 곳마다 눈에 띄도록 표지를 해 두었다. 가이드는 젊은이들에게만 등산을 권유하고 내 나이 또래에게는 가지 않았으면 하는 눈치였다. 그러나 오를 수 있는 데까지는 올라보자는 마음으로 산중턱을 넘어갔는데 만일 시간에 쫓기지만 않았다면 완주했을지도 모른다.

파클레니카는 유네스코에서 지정한 생태보전 지역이라고 한다. 석회질로 이루어진 산봉우리와 깊은 계곡들이 특이하였다. 거의 수직으로 솟아 있는 바위산의 크고 작은 봉우리들은 형용할 수 없을 만큼 기기묘묘하였고, 가파른 등산길 전면에 드러나 보이는 계곡은 거의 4~500m는 됨 직한 절벽이 양쪽에서 삼각형 빗면처럼 V자형을 이루고 있기도 하였다.

이 산은 암벽등반에 적합한 곳으로 알려지기도 했지만 아드리아 해의 아름다운 풍치도 즐길 수 있어서 유럽의 여러 나라에서 등산을 즐기는 사람들이 모여든다고 한다.

내려오면서 둘러보니, 가족 등산객들이 많았다. 특히 어린 자녀들을 이끌고 오는 젊은 부부들이 두드러져 보였다. 한 여인은 아직 젖도 떼지 않은 아이를 앞가슴에 묶어 안고, 남편은 서너 살쯤 된 아이를 큰 배낭 위에 태우고 가파른 산길을 올랐다. 어떤 암벽 아래에서는 깎아지른 암벽에 매달려 있는 한 아이를 올려다보면서 여러 사람들이 웅성거리고 있었다. 허리에 로프를 묶은 채 매달려 있는 애는 초등학교 2학년쯤의 소녀였다. 구경꾼들 말로는 저렇게 매달려 있는 것이 아마 한 시간

정도는 넘었으리라는 것이었다. 또 깎아지른 절벽 위로 다섯 살도 채 못 돼 보이는 어린 아들을 밀어 올리며 제 힘으로 줄을 붙잡고 기어오르도록 젊은 아버지가 진지한 표정으로 격려하고 있었다.

'세상에는 장난감과 과자와 재미나는 놀이만 있는 것이 아니란다, 네가 혼자 해결하지 않으면 안 되는 무서운 일도 있고, 전력을 다해서 인내하고 극복해야 할 어려운 일도 있단다.' 부모가 어려서부터 실제의 현장에서 가르치고 있는 교실 같았다.

우리나라 부모들 같으면 이렇게 험한 등산길에 아이들을 데리고 오지 않을 것이다. 혹시 데리고 온다 해도 암벽등반을 가르치려고 절벽 위로 자식을 밀어 올리지 않을 것이다.

우리는 응당 어린애들이 해야 할 일도 '엄마 아빠가 다 알아서 해결할 테니, 너는 아무 걱정 말고 공부나 하라.'고 한다. 부모야 돈에 쪼들려 빚을 지든 말든 입시에 중요한 과목들은 사교육을 시켜서라도 일류대학 합격을 목표로 몰고 있는 것이 한국 학부모들이 하고 있는 일이다. 그리고 대학에 합격한 후에는 부모나 아이나 합격 그 자체로 큰 효도라도 한 것처럼 생각한다. 고등학교 졸업 이후에는 독립하여 스스로 학비를 벌어 공부를 하고 결혼을 한다는 서양의 젊은이들과는 비교하기조차 어려운 일이다. 일부 단편적 현상을 전반적 경향인 양 보편화시키는 것은 옳지 않지만, 우리와는 판이한 자녀교육 방법인 것이 분명하다.

자식들의 미래를 우리는 예측할 수 없다. 장차 어떤 역경이나 난관에 처하더라도 극복해 낼 수 있는 지혜와 인내력을 가르치는 것이 부모의 도리요 책무일 것이다. 성적이 오르지 않는다고, 부모가 나무랐다고, 사귀던 여자 친구가 떠났다고 걸핏하면 목숨을 끊어버리는 한국의 젊은이들. 그 책임은 기르고 가르친 기성세대에게 있지 않을까.

어렸을 때부터 산 체험을 통하여 모험과 도전정신을 배운 저들 속에서 빌 게이츠와 스티브잡스, 래리 페이지(Larry Page, 구글 창립자)와 주커버그(Zuckberg, 페이스북 창립자) 같은 창조적인 인물들이 나타났을 것이다.

이제 내가 가르쳐야 할 자식들은 이미 다 커버렸다. 손자나 손녀들을 상관하고 가르칠 만큼 내 능력의 한계를 넓힐 수 있을는지 모르겠다. 아직도 인라인스케이트를 포기하고 싶지 않듯, 할아버지의 영역을 확보하고 싶다. 그러나 이제 하산 길에 들어선 발길, 실족하지나 않도록 조심할 일이다.

가을옷이 마땅치 않아 장롱을 뒤적이다가 오래전에 사뒀던 T셔츠를 발견하였다. 가볍고 부드러운 천으로 된 운동복이다. 가슴팍엔 흘림체로 큼지막하게 'Street Sport'라고 씌어 있다. 나는 어려서부터 운동을 좋아했다. 단거리 선수로는 늘 뽑혔고, 정식 축구부는 아니었지만 중학교 2학년 때 선배들 눈에 띄어 전국 축구선수권대회에 출전하기도 하였다. 이 T셔츠는 정년퇴임을 하면 그때 한창 유행하던 인라인 스케이트를 배울 생각으로 사 두었을 것이다. 발랄한 청소년들과 함께 나이를 잊고 아스팔트길을 달릴 생각만 해도 가슴이 설렜다.

그러나 막상 배우기 시작하자 몸의 중심을 잡기가 쉽지 않았다. 몇 걸음 걷지 못해 넘어지느라 진전이 되지 않았다. 이러다가 골절상이라도 당하면 큰일이지 싶어, 골밀도 검사를 했더니 골다공증 직전 단계라고 하였다. 어쩔 수 없이 인라인 스케이트는 중단하고 골다공증 치료부터 시작하였다. 혈기방장할 때엔 한라산, 지리산, 무등산 등으로 등반하기를 좋아했지만, 이젠 무릎 연골도 성치 못하다니 경사진 등산길은 삼가고 되도록 평지나 걷고 있는 형편이다.

그 은행나무의 안부

정년퇴임하기 2~3년 전 캠퍼스 남향바지에 은행나무 묘목 몇 그루를 심었다. 사람들 발길이 빈번하지 않은 남향바지였다. 은행나무 묘목은 원래 시골 집 뒤란에서 자라던 것인데 그 땅을 파헤치게 되어 할 수 없이 화분에 옮겨 심어 놨던 것이다. 은행나무는 어린 나무일 때부터 줄기가 곧고 잎사귀의 모양도 다른 나무와는 달리 귀하게 생겼다.

이 지구상에 생존하고 있는 나무들 가운데 가장 오래사는 대표적 수종 중 하나로 은행나무를 꼽는다. 경기도 용문사의 은행나무는 그 수령이 1100년이라고 하니, 통일신라시대 말기쯤부터 자라온 나무일 것이다. 격동하던 삼국시대 말기와 고려, 조선조 그리고 근현대 한국의 역사를 눈으로 보고 피부로 느끼면서 살아온 역사적 나무인 것이다.

그때 내가 화분을 학교에까지 들고 간 것은 우선 '나무가 화분에서 자라는 것보다야 땅에서 크는 것이 낫겠지.' 생각했기 때문이었다. 그러나 그보다는 이십삼 년 간 근무했던 정든 대학의 교정에 무언가 하나의 자취를 남기고 싶은 마음이 더 컸을 것이다.

학교의 정원에 어린 은행 묘목을 심을 곳이 어디일까 찾아다니는 것을 옆에서 보고 있던 어떤 교수는 조금 더 큰 나무를 사다가 심는 게 좋지 않겠느냐고, 그게 언제 크겠느냐고 했다. 나는 그때 아마 아무 말도 하지 않고 그냥 미소로 답했을 것이다.

그러나 나무를 심는 마음은 성장하는 과정을 보려는 것이 아닐까 하는 것이 내 미소 속에 감춘 대답이었다.

그때 십여 그루를 심었는데 지금쯤은 몇 그루나 살아서 얼마나 자라고 있는지, 특히 이런 가을날 은행나무 곁을 지나노라면 궁금하다. 다 잘 자라고 있을 수는 없겠지만 아마 그중 적어도 네댓 그루는 자라고 있겠지.

무슨 공적을 내세우려는 목적으로 심은 것도 아니고, 기념할 만한 일이 있어서 심은 것도 아니어서 표지판을 붙일 수도 없었으니 지금 찾아가 봐도 어떤 것이 그 나무인지 분간할 수 없을 것이다. 그런데도 가끔 무등산 자락 아래 그 교정을 찾아가고 싶은 것은 사람을 만나고 싶은 마음도 있지만 은행나무의 안부가 궁금해서이다.

교정에는 더 크고 좋은 나무가 있겠지만 주변의 다른 나무들과 조화를 이루면서 오래오래 건강하게 자라 주기를 바란다.

봄이면 느린 걸음으로 돋아나는 연두색 잎사귀들이 생명의 강인함을 보여 줄 것이요, 가을이면 곱게 물든 노란 단풍잎이 감성적인 학생들의 탄성을 자아내고 시심을 불러일으킬 수도 있을 것이다. 여기저기 떨어진 씨앗들은 날로 무성하게 번식할 것이요, 한약 재료로도 성가 있는 은행 열매를 주워가는 이들도 있겠지. 나무는 언제 가도 거기 그렇게 서 있을 것이다. 천년도 넘게 역사를 관망하면서.

남산 위에 저 소나무

우리 한국 사람들이 제일 좋아하는 나무는 소나무다. 우리 강토에서 자라고 있는 나무로 그 개체수가 많기로는 단연 소나무를 따를 나무가 없을 것이다. 북부 고원지대를 제외하고 우리 국토 어디도 소나무가 자라지 못하는 곳이 없을 정도로 우리 토양에 잘 적응하고 있다.

소나무가 우리 생활환경의 주요한 배경을 이루고 있는 걸 보면 아마도 상고시대 이전부터 한국인들의 집단무의식 속에 가장 친근하고 좋아하는 나무로 자리 잡았을 것이다.

고조선의 건국신화에는 환웅이 태백산 신단수神壇樹 아래 내려와 신시를 열었다고 했는데, 신단수란 바로 신체를 상징하는 신수神樹였을 것이고, 금강송 같은 수려하고 성스러운 소나무였을 개연성이 있다.

과거엔 거의 대부분 마을에서 '당산堂山' 또는 '동신洞神'이라 일컫는 마을 수호신을 모시고 그해 마을 사람들의 안녕과 풍농풍어를 기원하는 제의를 올렸었다.

정결한 사람을 제주로 선출하여 일정 기간 동안 엄격한 금기를 지키고 정성을 다하여 제사 준비를 하고 제의를 집행하게 했었다.

당산에는 '당산할머니' 또는 '당산할아버지'라 부르는 마을 수호신을 상징하는 신체神體가 있었다. 마을 환경에 따라 조금씩 다르긴 했으나 가장 보편적인 신체는 우람하고 오래된 소나무들이었다.

당산제를 올릴 때는 손 없는 날을 택하여 제장을 정화하고 금줄을 쳐서 잡인들의 출입을 금하였다. 금줄은 반드시 왼새끼를 꼬고 숯, 청솔, 백지 등을 새끼줄에 끼워 두었다. 숯이나 솔잎은 부정을 막아 제장을 정화하는 벽사주력辟邪呪力이 있다고 믿었던 바, 이러한 사례는 출산한 집이나 새로 담근 장독 같은 데도 반드시 금줄을 쳐 두었던 데서도 찾아볼 수 있다. 한국 전통가옥의 대부분은 소나무 목재로 건축하여 왔다. 전래민요 「성주풀이」는 다음과 같이 노래하고 있다.

> 성주야 성주로다/ 성주 근본이 어데메냐/ 경상도 안동땅에 제비원이 본이로다./
>
> 제비원에 솔씨를 받아 소평小坪 대평에 던졌더니/ 그 솔씨 점점 자라 소부동小桴棟이 되었구나/ 소부동이 점점 자라 대부동이 되었구나/ 대부동이 점점 자라 청장목이 되고 황장목이 되고 도리기둥이 되었구나/ 에라 만소 에라 대신이야.

이는 무가 「성주본풀이」가 민요로 변용되어 널리 불려온 노래이다. 성주신은 집을 지키는 신으로 집안의 상량(上樑 대들보)에 있는 것으로 믿었으며, 무속에서는 해마다 당골집 남자주인坐主의 평안과 무사태평을 비는 성주굿을 하는 것이 관례였다. 성주굿 첫머리에는 성주신의 근본을 밝히는 서두 부분이 있는데, 하늘에서 죄를 지어 인간세계에 귀양 온 성주신이 경상도 안동땅 제비원에서 솔씨를 받아 심은 것이 큰 나무로 성장하여 그 나무로 집을 지어 성주신으로 좌정하게 되었다는 성주신의 유래를 밝혀주고 있는 노래이다.

성주신이 좌정한다는 대들보는 집을 지을 우두머리 목수가 산에 가서 외모가 잘생긴 소나무 재목을 찾아내어 미리 간략한 제를 올려 수목신을 달래고 위무하는 것으로 알려졌다.

가정의 크고 작은 가구집기와 생활 도구들도 소나무를 사용하여 만들어 썼다. 잘 자라지 못하고 비뚤어지거나 구부러진 나무, 난장이처럼 크게 자라지 못한 다박솔 같은 것들은 서민들의 겨울 땔감이나 시탄용으로 사용되었다.

흉년이 들어 기아선상에 놓인 백성들은 소나무 속껍질을 벗겨 먹기도 하고 송기떡을 만들어 먹기도 했으며, 송화를 말리거나 솔잎을 가루로 만들어 연명하기도 하였다.

이런 사실로 볼 때, 소나무가 얼마나 한국인들의 생활 속 깊이 다양하게 사용되어 왔는지 일일이 언급하기도 쉽지 않다. 이러한 일들은 주로 물질생활 속에 드러난 현상들이라 할 수 있을 것이다. 그러나 한국인들의 물질생활만이 아닌 정신문화 속에서도 소나무를 위요한 깊은 사상적 맥락은 전승되어 왔다.

고구려 고분 벽화에 그려진 「쌍수도雙樹圖」, 신라 진흥왕 때 황룡사 벽에 솔거가 그렸다는 「노송도」 등 고대부터 소나무가 한국인의 정서와 사상에 깊이 용해되어 있었음을 확인할 수 있다.

고려와 조선왕조 시대에는 수많은 화가들이 소나무 그림을 그려서 현재 전해지고 있는 작품들이 적지 않다. 그 가운데 이상좌의 「송하보월도」, 이인상의 「설송도」, 정선의 「사직노송도社稷老松圖」, 김정희의 「세한도」와 같은 작품들은 불후의 명작으로 널리 알려져 있다.

우리 옛 선비들은 기본교양으로 시 · 서 · 화를 중시하였던바, 소나무는 '세한삼우歲寒三友'의 하나로 예술작품의 중요한 소재는 물론 선비정신을 표상하는 상징물로 여겼었다.

고산 윤선도의 「오우가」는 그 좋은 본보기라 할 것이다. 물, 바위, 소나무, 대나무, 달을 다섯 친구로 삼고 그 아름다움과 덕성을 노래한 연시조이다.

> 더우면 곳 픠고 치우면 입 디거늘
> 솔아 너는 얻디 눈서리를 모ᄅᆞ는다

구천(九泉)의 불휘 고ᄃᆞᆫ 줄을 글로ᄒᆞ야 아노라

「세한도」에서 완당 김정희가 인용한 "세한연후 지송백후조야歲寒然後 知松柏後凋也－論語 子罕篇에 드러난 지조와 의리를 중시한 선비정신이 고산 윤선도의 시적변용을 통하여 천의무봉의 작품으로 표현된 것이다.

"남산 위에 저 소나무 철갑을 두른 듯 바람서리 불변함은 우리 기상일세" 애국가 2절의 가사다. 제아무리 매서운 바람과 눈서리에도 푸른빛을 변치 않는 소나무의 기개는 우리가 이어받아야 할 민족정신임을 확인하게 된다.

제5부

아름다운 얼굴

새로운 풍속도

특별한 경우가 아니면 운전대를 잡지 않는다. 엉뚱한 접촉사고, 특히 고급 외제차와의 극히 사소한 접촉, 그것도 나의 과실만은 아닌 일로 적잖은 덤터기를 두어 번 쓴 뒤부터 운전에 정나미가 떨어졌다. 그래도 40여 년 동안 무난히 운전을 해 왔는데 무참히 당한 낭패감이 운전에 대한 의욕을 꺾어버린 것이다.

게다가 서울 시내의 교통체증은 시간대와 노선의 여건에 따라 시시때때로 변한다. 어쩌다가 차를 잘못 타고 나간 날은 약속 시간을 못 지킬 가능성이 크다. 더욱이 나처럼 길눈이 어두운 사람은 내비게이션에 의지할 수밖에 없는데 가끔 엉뚱한 안내를 하는 그 놈을 믿을 수가 없다. 무엇보다도 지하철은 도착 예정시간을 맞출 수 있어서 좋다. 냉난방이 잘되어 있고 버스처럼 지루하게 기다리지 않아도 될 뿐 아니라, 경로우대도 받으니 더 이상 망설일 것이 없다. 특별한 경우가 아니면 길어야 5~6분 정도만 기다리면 되니까.

선진국으로 이민 가서 살고 있는 사람들이 고국에 와서 가장 놀라고 부러워하는 일들 중 하나는 실버들이 공짜로 지하철을 이용하는 일이라 한다. 선진국들보다 깨끗하고 넓고 산뜻하며 노선의 연결이 잘되어 있어서 좋고, 빠르게 발전한 교통수단이 조국에 대한 긍지를 품게 한다는 것이다.

그들이 이민을 떠났던 1960 ~ 70년대의 교통사정과 비교하면 상전벽해라는 말이 맞을 것이다. 시내버스는 콩나물시루를 방불케 하였고, 정류소 부근에 질서 없이 멈추어 선 버스에선 안내양이 "미아리요, 영등포, 상도동이요!" 하고 외치는 목쉰 소리를 찾아 단거리 선수처럼 이리 뛰고 저리 뛰어야 했었으니까.

대도시의 사정은 그래도 나은 편이었다. 중소도시나 시골에서는 버스도 귀했고, 낡아빠진 GMC 트럭에 짐짝처럼 빼꼭히 사람을 태우고 비포장도로를 뽀얀 흙먼지를 일으키면서 질주하고 다녔었다. 지하철은 꿈조차 못 꾸던 시절이었다.

그러나 지하철도 시간을 잘 맞추지 않으면 만원 일색이다. 언제부터인지 차 안에 앉아 있는 사람들은 너나 없이 휴대폰에 눈을 박고 있는 것이 일상적 풍속도로 굳어져 있다. 책이나 신문을 보고 있는 사람이 오히려 낯설다. 모르는 사이에 나도 그중의 하나로 휩싸이고 있는지 자리를 잡고 앉으면 무심결에 휴대폰을 꺼내게 된다.

엊그제는 40여 분 가야 하는 차 안에서 조그만 수필집을 읽고 있었다. 내 옆에 자리가 나자 30대쯤 보이는 여인이 급히 와서 앉았다. 그는 앉자마자 핸드백에서 화장품을 꺼내더니 거울을 들여다보면서 치장을 하기 시작했다. 눈썹화장을 하고, 입술연지를 바르고 분을 칠하는 등 분주히 손을 움직였다. 우리 집 안방에서도 화장하는 모습을 유심히 관찰하지 못한 나는 바로 옆자리의 생판 모르는 여인의 거동을 본의 아니게 구경하게 된 것이다. 그는 꽤 긴 시간을 주변을 전혀 의식하지 않은 채 열중하였고, 전철 안의 사람들이 그 거동을 흥미 있게 보는 듯했다.

입술연지는 스틱으로만 바르는 줄 알았더니, 스틱으로 바른 후에 또 붓으로 형광물감 같은 걸 덧칠했다. 눈썹도 윗눈썹만 칠하는 줄 알았는데 속눈썹까지 위로 치올려 물감을 발랐다. 마주한 앞자리의 여성이 화장하는 모습은 가끔 눈에 띄어도 민망스러워 외면해 버리곤 했었다. 그러나 바로 옆에서 벌이는 이 희한한 미용공사에는 외면할 수가 없었다.

요즈음 젊은이들은 남의 눈을 의식하지 않고 사랑의 표현도 과감히 실행하는 것을 자주 목격하게 된다. 공원 벤치 같은 데선 흔히 보는 일이지만, 승객들이 많은 지하철 안이나 환승역 에스컬레이터 같은 중인환시 속에서도 몸을 밀착시키고 포옹하고 입 맞추는 광경들과 자주 마주친다. 외국영화를 통해서나 보았던 장면들을 흉내 내는 것일까. 누가 뭐라 해도 이런 것을 문화의 발전이라고 할 수는 없을 것 같다.

장애인이 도와달라는 쪽지를 돌리거나 맹인이 녹음된 찬송가 볼륨을 올리면서 지나는 걸 보면서도 점점 무감각하게 되었는데, 어느 날 한 청년이 이미 지나간 맹인 뒤를 쫓아가서 지폐를 넣어주는 모습은 가슴에 잔잔한 파동을 일으켰다.

스피커에선 차내에서 물건을 파는 사람이 있으면 바로 신고해 달라는 알림소리가 들리지만 신고할 사람은 없어 보인다. 열심히 상품 설명을 한 후 또 다른 열차 칸으로 잽싸게 옮겨가는 그의 뒷모습에서 강렬한 삶의 의지와 약동하는 생명력을 느낀다.

지하철은 끊임없이 달리고, 그 달리는 열차 속 좁은 공간에선 각양각색의 사람 사는 모습들이 계속 이어지고 있다. 제각기 어떤 목표지점에 도착하기 위하여 타고 내리고 다시 바꿔 타면서 몸을 맡기고 있다. 이 군상 속의 하나가 되어 휩쓸려가고 있는 나는 지금 어디를 향하여 가고 있는가. 나는 다른 승객들의 눈에 어떤 모습으로 보일까. 가끔 내 자신을 돌아보기도 한다.

나도 곧 내릴 때가 되었나 보다. 읽으려고 가지고 나왔던 책을 집어넣었다. 책은 읽지 못했지만 진기한 구경을 한 셈이다

공허한 이름 몇 자

가을이 깊어갑니다. 교정의 은행나무는 노랗게 물들고 가까운 무등산이 울긋불긋 채색되어 가고 있는 걸 보면 바로 지금이 단풍의 절정기가 아닌가 싶습니다.

옛날 어느 시인은 "서리에 물든 단풍이 봄꽃보다 더 곱다"고 노래하였지만 저 가을 나무들이 계절에 무심했던 내 가슴을 한껏 아름답고 화려하게 합니다.

사람들은 마치 계절을 놓치지 않으려는 듯이 절경을 따라 파도처럼 몰려가고 몰려옵니다. 그러나 가끔 이름난 풍경을 따라가 보면, 눈에 거슬리는 것들을 보게 됩니다.

흥겹게 놀다간 자리에 남겨진 지저분한 쓰레기들이야 치우면 되니까 크게 걱정할 것은 없습니다. 그러나 치워버릴 수도 지워지지도 않는 흔적을 보면 한심스런 마음이 듭니다.

유구한 세월 속에서도 의연하게 제자리를 지키고 있는 아름다운 바위나 암벽에 새겨진 이름들. 그것은 대개 전혀 세상에 알려지지 않은 무명한 사람들의 이름이거나 알 수 없는 사람들의 이름입니다. 개중에는 왕조시대 제법 큰 벼슬을 한 이들의 이름도 가끔 눈에 띕니다. 아주 공력을 많이 들여 바위 깊숙이 마음먹고 새긴 것도 있는데, 옛날에는 전문적 석공을 시켜 조각한 일도 있다고 합니다.

이러한 자국들을 남긴 이들의 심정을 생각해 보면 안쓰럽고 측은하기까지 합니다. 오죽이나 남길 것이 없고 자랑할 일이 없으면 깊은 골짜기 바위에 새겨 남기려고 했으랴 하는 생각이 들기 때문입니다. 그런 것들을 새긴 당사자의 마음은 혹 절실하고 간절하였을지 모르지만 보는 이들은 그들의 몰염치하고 후안무치한 행위에 불쾌감을 금할 수 없습니다.

이 세상에 살다간 이들로 자기 이름을 소중히 생각하지 않은 사람은 없을 것이며, 그 이름을 남기고 싶지 않은 사람도 없을 것입니다. “호랑이는 죽어서 가죽을 남기고, 사람은 죽어서 이름을 남긴다.”는 속담도 있습니다. 그러나 영광스러운 이름을 남긴다 함은 영광스럽고 가치 있는 행위의 결과를 남긴다는 말이지 공허한 이름 몇 자를 남긴다는 말은 아닐 것입니다. 단순히 바위에 새겨진 이름 석 자는 부끄러운 자취가 될지언정 결코 영광스러운 자국은 아닐 것입니다.

나는 그들에게 물어보고 싶습니다.

이름을 남기고 싶습니까?

어떻게, 어디에, 왜 남기고 싶습니까?

한국의 부패지수

국제적인 부패감시 민간단체인 국제투명성기구에서는 2년마다 국가 청렴도를 측정하여 국가별 부패지수(뇌물공여지수)를 발표해 오고 있다. 최근에 발표된 국가별 순위를 보면, 스위스가 1위, 스웨덴이 2위, 우리나라는 21위라고 한다.

많이 나아졌다고 기뻐해야 할 것인지, 아직 멀었다고 언짢아해야 할 것인지 모르겠다. 개인이나 단체나 자체의 단점과 결함을 개선 보완하려는 노력이 없이는 지속적 발전을 기대할 수 없을 것이다. 우리나라의 경제 규모는 세계 10위권에 접근하고 있다고 하지만 국민소득 수준이나 부패인식지수를 볼 때, 선진국 수준에 이르려면 아직도 멀었다는 사실을 부인할 수 없다.

국가 및 공공기관이나 지방자치단체 등에서 시행하는 일들이 공정하게 집행되지 아니하고, 뇌물의 유무나 집단이기주의 등에 의하여 불법 부당하게 집행되는 일이 허다하다면 더 이상의 발전을 기대하기는커녕 퇴보와 퇴영의 길을 벗어날 수 없게 될 것이다.

바야흐로 대통령선거 운동이 전개되고 있는 이때, 지난날의 차떼기 정치자금과 같은 검은 돈들이 은밀히 거래되고 있지는 않은지 염려스럽다.

신이 내린 직장으로 알려진 국영기업체 감사들이 뇌물성 관광외유를 떠났다가 여론의 뭇매를 맞고 도중에 돌아온 것은 얼마 전의 일이다. 또 모모 지자체의원들, 지자체장들이 관광성 외유를 다녀와 주민소환의 대상으로 지목되기도 했다.

서울 성북구청을 비롯하여 강북, 동대문, 동작구청, 전주와 진주의 시청 등에서 시간외 근무수당을 부당 지급하여 온 것으로 드러났다고 한다.

지방공무원 수당 등에 관한 규정에는 주관부서의 초과근무 명령대장의 기록과 초과근무대장에 초과근무자의 자필 기재가 있어야 하고, 초과근무확인대장에 당직근무자의 확인이 있어야 지급하도록 되어 있다.

그런데 이러한 과정이 무시되거나 부정한 방법으로 형식만 갖추는 등 기상천외한 행위들이 벌어지고 있는 실상이 드러나고 있다. 각 부서 서무담당자가 초과근무대장에 일괄 수십 시간씩 근무한 것으로 기재하기도 하고, 최종 퇴근자가 먼저 퇴근한 직원들의 개인 번호를 초과근무입력기에 입력하기도 하며, 직원들이 돌아가면서 카드를 대리 입력하는 등의 방법을 써왔다는 것이다.

이런 부당한 방법으로 여러 해 동안 지급된 액수는 가히 천문학적 수자에 이르고 있다. 이 얼마나 수치스럽고 탄식할 노릇인가. 이러고도 나라가 잘되기를 기대하는 것은 허황된 꿈이 아니겠는가.

생각할수록 모골이 송연한 일이다. 소수의 공직자가 은밀히 범하는 부정한 처사는 있을 수 있는 일이라 치자. 그러나 수많은 공직자들이 공공연한 범법행위를 그토록 장기간 무감각적으로 자행해왔다는 사실은 도저히 믿을 수가 없다. 공무원들의 준법정신과 윤리의식은 어디서 찾아야 할 것인가.

사회에 미만된 이런 부정한 일들을 없애려는 시도가 그동안 없었던 건 아니지만 번번이 도래미타불에 그치고 말았다. 그러나 2015년 3월 27일 제정된 '부정청탁 및 금품수수의 금지에 관한 법률' 속칭 '김영란법'은 종전에 대처해 오던 것과는 다른 법이다. 사회 통념화 되다시피 한 구체적 사례들까지 적시하여 엄격한 처벌을 규정하고 있기 때문이다. 이 법규에 적용받을 대상자들 사이에는 매우 긴장감이 감돌고 근신하는 분위기라고 하니, 이번에는 기대를 할 만할 것도 같다. 일부에서는 너무 지나친 법이란 말도 있는 모양이지만, 폐습을 광정하려면 느슨한 법규로는 결코 기대할 수 없을 것이다. 모처럼 사회적 관심이 집중되고 있는 이때, 엄정한 법규의 시행으로 선진국처럼 바르고 정의로운 사회가 이루어지기를 기원한다.

어떻게 살아야 하나

'문화유산'이라고 하면 우리는 흔히 불국사나 해인사 같은 유명한 사찰이나 그 경내에 보존되고 있는 탑이나 범종 같은 유형의 물질전승만을 생각하게 된다. 물론 석굴암의 불상이나 다보탑, 석가탑같이 오랜 역사성과 훌륭한 예술적 가치를 지니고 있는 것이라면 말할 필요가 없이 훌륭한 문화유산인 것이요, 백제 무령왕릉과 같은 고분에서 발굴된 희귀한 왕관이나 장식품 등이라면 더욱 그러할 것이다.

그러나, 우리가 선인들로부터 물려받은 문화유산 가운데는 아무런 형태도 찾아볼 수 없는 무형의 문화유산도 있는 것이다. 타일러(E.B. Tylor)가 그의 저서에서 언급한 바와 같이 전래되어 오는 지식이나 도덕, 관습, 신앙과 같은 무형의 것들로서 오늘날에 와서도 여전히 중시되고 있는 무형문화도 있다. 예를 들면, 오랜 옛날부터 전승되어 오는 민간의료(folk-medician)나 언제 누구에 의해 창안되었는지 알 수 없는 민속놀이, 그리고 신화, 전설, 민담 같은 설화, 민요, 속담, 수수께끼와 같은 구비문학 등도 말로 전승되어 오는 훌륭한 문화유산이다. 명절 때면 모든 사람들이 다 함께 즐기는 농악이나 판소리와 같은 민속놀이, 민속음악도 문화유산임에 틀림없다.

그런데 흔히 왕이나 귀족 같은 상류계층이 향유하였던 특수문화만을 가치 있는 것으로 믿고, 그런 것들만 보존해야 할 것으로 알고 있는 것 같다. 그러나 한국문화의 범주에는 평민계층이 향유하여 온 생활문화도 하위문화(subculture)로서의 충분한 가치를 지니고 있는 것이다. 그러므로 규모가 웅대한 왕궁의 건축물 같은 것들만 문화재로서의 가치를 중시할 것이 아니다. 양반 가옥과 더불어 상민常民들의 초가집이나 움집,

그리고 그들의 생활도구와 농사를 짓고 물고기를 잡던 기술을 포함하여 일체의 도구와 생활양식樣式까지도 문화재로서의 동일한 가치를 인정받아야 할 것이다.

이렇게 문화에 대한 폭넓은 시각과 사고의 틀을 가질 때라야만 문화유산에 대한 올바른 이해가 가능할 것이며, '문화유산의 해'가 지니는 의의를 올바로 인식하는 태도가 될 것이다.

근래 과학기술의 발달로 인하여 공업화, 산업화의 속도가 빨라지면서 전통적인 사회구조가 크게 흔들리고 있다. 농촌 젊은이들이 일자리가 많고 수입이 좋은 도시로 몰려들어 농촌에는 빈집이 늘어나고 있으며, 시골에는 힘든 농사일을 하기 어려운 노인들만 남아 있는 형편이다. 개발이라는 미명 아래 아름다운 자연은 처참하게 파괴되고 생활환경은 날로 오염되어 간다. 유서 깊은 역사의 현장들이 새로 들어서는 공단이나 도로에 밀려 사라져 가고 있는 것이다. 정겨운 초가집들이 오밀조밀 모여 이루어진 인정 많던 마을에 고층 빌딩이 들어서고, 달구지를 타고 다니던 마을에 자가용차가 늘어나면서 과거의 흐뭇한 인정들은 찾아볼 수가 없게 되었다. 과거에는 듣고 보지도 못했던 존속살해, 영아유기, 성폭행과 같은 사건들이 빈발하고 있다.

우리가 추구해 온 산업사회, 정보사회는 과연 무슨 의미가 있는가? 너나없이 부르짖은 국제화 세계화는 우리에게 어떤 의미가 있는 것인가? 엊그제 신문에 게재된 외신보도에 의할 것 같으면, 일본 사람들이 그들보다 몇십 배 낮은 수준에서 살고 있는 필리핀이나 인도네시아 사람들을 부러워하고 있다는 것이다.

이러한 사실들은 과연 우리에게 무엇을 시사해 주고 있는지 깊이 생각해 볼 일이다. 물질적 풍요가 반드시 정신적 행복과 더불어 질 높은 생활을 보장해 주는 것은 아니다. 문화라는 것은 결국 인간이 주어진 생활환경에 효과적으로 적응해 가면서 이룩한 것이므로 한국문화에는 한국인들의 독특한 삶의 지혜와 철학이 내재되어 있는 것이다. 서구문화가 편리하고 실용적이라고 해서 오랜 세월 동안 전승되어 온 고유의 민족문화를 버리고 하루아침에 선진 문화를 받아들인다고 할지라도 그에 비례하여 반드시 질 높은 삶을 향유하게 될 수는 없는 일이다.

그러므로 우리는 이 격변하는 시대에 앞만 보고 달릴 것이 아니라, 차분히 현재 우리의 삶의 자세를 반성해 보아야 한다. '우리의 진정한 삶의 목적은 무엇인가' 그리고 그것을 성취하기 위해 '우리는 어떻게 살아야 할 것인가'라고. 이러한 자성의 마음을 가질 때, 우리 선조 대대로 축적, 전승되어 온 한국 고유의 문화와 그 문화유산의 가치를 재인식하고, 진정으로 아끼고 보존해야 할 것이 무엇인가 깨닫게 될 것이다. 이것이 바로 '문화유산의 해'에 가져야 할 마음의 자세요, '문화유산의 해' 설정의 의의가 아니겠는가.

그렇다고 이 지구촌의 시대에 우리 것만 중시하는 국수주의자가 되자는 말은 아니다. 이 세상에는 다양한 문화가 존재하고 있고, 그 문화는 그 나름대로 존재의 타당성을 지니고 있음을 인정해야 한다. 남의 문화를 소중히 생각하는 사람이라야 진정으로 자기 나라의 문화를 아낄 수 있는 것이다.

사람들은 흔히 자기들의 관습적인 행동과 태도는 옳은 것이고, 다른 나라의 것은 비도덕적이거나 비합리적인 것이라고 판단하는 경향이 있다. 일부 서구사람들이 우리의 보신탕을 비난하는 것은 바로 그러한 예이다. 그러나 어느 나라에나 특정의 음식에 대한 금기는 있기 마련이라는 열린 마음을 가진 사람들에게는 하등 문제될 것이 없는 일이다. 힌두교도들은 쇠고기를 먹지 않으며, 회교도들은 돼지고기를 금하고, 유태인들은 비늘 없는 물고기를 금기하며, 오스트레일리어 타스마니아족(Tasmanian)은 비늘 있는 물고기를 금기하고, 미국인들은 개고기와 말고기를 터부시한다.

이와 같이 음식에 따른 금기만을 예로 들더라도 이 지구상에는 다양하고 상이한 문화가 존재하고 있음을 알 수 있다. 이렇게 다양한 문화들 속에서 우리는 어느 것이 더 좋고 어느 것이 나쁜 것이며, 어떤 것이 더 나쁘고 틀린 것이라는 평가를 내릴 수 없을 것이다. 따라서 우리는 우리의 민족 문화유산을 더욱 아끼고 사랑하는 진정한 한국인이면서, 동시에 문화의 다양성을 인정하는 열린 마음을 가지고 사는 교양인, 세계인이 되어야 할 것이다.

사랑 나눔 통장

얼마 전까지만 해도 시골 마을에는 다양한 상부상조의 전통이 전승되어 왔었다. 아무런 조건이나 전제 없이, 일손이 필요할 때 서로 도와주고 도움 받아 살아온 생활공동체의 관행들이 있었다.

예를 들면 초상이 나거나 대사를 치는 집에 가서 도와주는 일로부터 새로 건축한 집 지붕에 흙이나 기와를 올리는 따위의 일 등. 이런 일들에는 도와달라는 집주인의 특별한 부탁이 없어도 대가 없이 도와주는 것이 당연한 이웃의 도리로 여겨졌던 것이다.

노동력을 경제적 관념으로 거래를 했던 '품앗이'나 '손바꿈' 같은 일들도 있었지만, 여기서 말하고자 하는 것은 그런 성격의 일이 아니다.

사회 환경이 급격히 변화되면서 이런 미풍양속들은 어느새 사라져 가고 있다. 옛날처럼 집안마당에 차일을 치고 소란스럽게 전통혼례를 올리는 집도 찾아보기 어렵거니와, 초상이 나도 대개는 장례예식장에서 간편하게 치르는 것이 일상화되어 가고 있다. 시골에서 사는 사람들은 대부분 60대 이상의 노인들뿐이니 그럴 수밖에 없는 환경이 된 것이다.

일손이 많이 필요하면 오히려 도시에서 날품 파는 사람들을 구해 시골로 데려오는 시대가 되었으니, 과거의 좋은 풍속들이 지탱할 수 있는 기반 자체가 무너져 버린 현실이다.

어떻든 인간사회가 존속되려면 그만한 안전망이 갖춰져 있지 않으면 안 된다. 과거의 전통적 안전망은 사라져 버리고, 새로운 사회 환경에 부응하는 안전장치가 마련되어 있지 않은 이런 과도기적 상태에서 사회적 약자들은 어려움을 당할 수밖에 없게 되어 있다.

그래서 옛날에는 볼 수 없었던, 인간의 도리를 벗어난 불행한 일들이 속출하고 있는 것이지, 특별히 현대인들이 악하고 불량해서 그런 것은 아닐 것이다.

이런 때에 '사랑나눔 통장'의 등장 소식은 가뭄에 단비를 만난 것처럼 흐뭇한 감동을 준다. '사랑나눔 통장'이란 은행에 돈을 적립하듯 자원봉사한 시간을 통장에 적립해 두었다가 필요할 때 인출해 쓸 수 있도록 고안된 제도이다. 이런 자원봉사 마일리지 제도를 최초로 실시한 것은 지난해 8월 대구에서였는데, 점차 여러 지방으로 확산되고 있다고 한다.

자원하여 이웃을 도와주는 데에 무슨 대가를 바라는 것처럼 마일리지를 적립, 인출하게 한다는 것이 좀 거북스러운 느낌을 줄 수도 있다. 우리 선조들이 아무런 대가나 조건 없이 서로 도우며 살아왔던 전통의식이 아직 우리 뇌리에 남아 있기 때문일 수도 있으리라.

그러나 이러한 제도는 부지불식간에 우리 생활 속에 이미 자리를 잡아가고 있음을 간과할 수 없다. 헌혈증서가 그렇고, 상급학교에 진학하는 학생들의 봉사실적 증명이 그러하다. 선진 제국에서는 지극히 당연한 제도로 이미 정립, 통용되고 있는 일이다.

정부나 지방자치단체에서 아무리 치밀한 행정을 펴도 그 힘이 미치지 못하는 곳은 있기 마련이므로 이런 제도가 현실생활 속에서 작동될 수 있도록 널리 실천 보급해야 할 것이다.

낳은 자식과 기른 자식

친구 중에 아이를 갖지 못하는 부부가 있었다. 인격적으로 존경받을 수 있는 훌륭한 부부였다. 어느 날 이른 새벽 대문 앞에 낡은 포대기에 싸인 어린아이가 놓여 있었다. 물론 이들은 하느님의 선물로 받아들여 소중하게 양육하였다. 예쁜 딸이었다. 아이는 건강하게 성장하여 지금 30대에 이르렀다.

"배도 아프지 않고 낳은 아이예요."

그들 부부가 아이를 바라보는 눈길에는 사랑이 넘쳐 있었다.

그러나 남의 아이를 받아들이는 일에 거부감을 가진 사람들도 적지 않다.

옛날부터 혈통을 중시해 왔기 때문에 내 핏줄이 아니라면 그것이 대문밖에서 얻은 개구녕받이거나 공인된 기관에서 정식으로 입양한 아이거나 마찬가지다.

그렇게 할 바에야 같은 핏줄인 조카를 양자로 삼아 대를 잇게 하는 것이 낫다고 생각해 온 것이다. 만일 입양을 하였을 때도, 남의 자식을 받아들이는 것은 수치스런 일로 치부하여 남모르게 진행하는 것이 상례였다. 그래서 아직 철이 들기 전, 영 유아 때 입양하여 제 자식으로 삼는다든지, 입양과 더불어 타지로 이사하여 남모르게 친자식으로 기른다든지 하는 게 보통이었다.

6 · 25의 전쟁을 전후해서는 길에 버려진 아이들이 서양 여러 나라로 입양되었다. 거기서 시작된 해외 입양은 지금까지도 이어져 유아수출 제1위라는 불명예를 벗어나지 못하고 있다.

우리나라가 세계 유수의 경제대국이 되었으면서도 최빈국에서나 하는 유아수출의 부덕행위를 계속하고 있는 일을 서양인들은 이해하지 못한다. 우리는 그들의 비난과 질책을 모면할 길이 없다. 서양인들은 우리의 어린애들을 입양하되 그것을 비밀로 하지 않고 어릴 때부터 터놓고 가르친다고 한다. 비밀로 하려고 해도 생김새가 다르기 때문에 그럴 수도 없긴 할 것이지만, "너의 조국은 한국이라는 곳이다. 네가 더 자라면 한 번 데리고 가마." 약속을 하고 아이들이 큰 다음에는 그 입양아를 데리고 한국에 여행온 외국인들도 가끔 보도가 되고 있다. 이제는 입양에 대한 사회적 인식을 바꿔야 할 단계에 이르렀다. 아니 오래전에 입양에 대한 인식전환의 캠페인은 벌어졌어야 했다. 언론기관은 물론 사회 지도층 인사들부터 앞장서서 이 운동을 전개해야 할 것이다.

혈통을 중시하던 과거의 생각은 지금 급속도로 무너지고 있다. 순혈주의도 과거의 이야기이다. 지금 외국 처녀들이 우리 농촌에 시집와서 다문화 가정을 이루고 사는 것이 조금도 이상한 일이 아니기 때문이다. 그들의 자녀들이 날로 늘어나고 있는 이 엄연한 현실을 보면서도 언제까지 단일민족을 운위하고 순혈주의를 고집할 수 있을 것인가.

더군다나 자식을 낳아 대를 잇는다든지, 가문의 전통을 이

어간다든지 하는 전통 관념을 깡그리 무시한 채 부부만의 또는 제 한 몸의 안일만을 중시하는 딩크족이다 뭐다 하는 일부 젊은이들이 늘어가고 있는 현실인데.

성전환을 한 연예인 하리수가 입양하려고 하는 것에 대하여 사회적인 찬반논란이 격돌하였었다. 그의 뜻대로 입양이 허락되어야 한다. 그녀가 트랜스 젠더가 되었든 어쨌든 입양아들을 모범적으로 길러 성공시킬 수 있도록 도와주어야 할 것이다. 그래서 입양이 조금도 감춰야 될 일이 아니라는 사회적 인식이 보편화되어야 할 것이다.

우수한 재능을 지닌 우리의 어린애들을 입양하여 보물처럼 잘 보살피고 길러서 성공시키고 있는 서양인들을 타산지석으로 삼아야 한다. 급속한 출산율 저하와 노령화 사회를 해결하는 하나의 방안도 될 수 있지 않겠는가.

내 나이가 어때서

최근 실버세대를 위주로 한 노래들이 선풍적인 인기몰이를 하고 있다. 그중 하나는 〈내 나이가 어때서〉이고 다른 하나는 〈백세인생〉이라는 노래이다.

둘 다 세상을 떠나고 싶지 않은 노년의 주장으로 장수해야 할 이유를 역설한 것이다.

앞 노래 〈내 나이가 어때서〉의 가사는 직접화법으로 되어 있다. 주장하는 내용이 분명하고 확실한 대신 너무 노골적이어서 여운이 없다. 사랑하고 싶은 마음의 호소라기보다는 억지를 부리는 추한 투정처럼 들리기도 한다.

이에 반하여 〈백세인생〉의 화자는 가상적 중간자를 통하여 말뜻을 전달하는 간접화법을 쓰고 있다. 나이가 몇이건 저승에서 날 데리러 오거든 가기엔 아직 부당한 나이여서 "못 간다고 전해라"는 동일어구나 유사어구가 반복되고 있다. 더구나 우리 귀에 친숙한 민요조의 곡조에 실린 해학적인 노랫말 때문에 더 친숙하게 느껴질 것이다.

우리의 전통적 저승관념으로는 염라대왕의 명을 받은 저승사자가 데려가면 누구든지 죽음을 당하게 된다고 믿어왔다. 그러므로 주된 화자는 실버세대이고 중간자는 저승사자이며, 청자는 염라대왕이라 할 수 있겠다.

무병장수하기를 바라는 것이 어찌 실버세대만의 소망이겠는가. "개똥밭에 굴러도 이승이 좋다."는 속담도 있지 않은가. 그러나 실버세대에게는 앞으로 살날보다 죽을 날이 훨씬 더 가깝다는 생각으로 죽음이 가장 절실한 문제가 된다. 특히 세계 열방의 추세와는 비교할 수 없을 정도로 빠르게 진행되고 있는 우리 사회의 장수화 경향과도 관련이 있을 것이다.

그러나 최근 S 대학 학생들에게 부모가 세상을 떠나기 알맞은 나이가 몇인가 설문조사를 했더니 63세라는 내용이 가장 다수였다고 한다. 그 말을 듣고 처음에는 여간 괘씸하지 않았다. 그러나 젊은이들이 느낄 때 63이라는 숫자는 엄청난 나이일 수도 있다. 나도 젊었을 때는 환갑까지 살면 오래사는 것이려니 생각했었으니까.

오늘 아침뉴스에 국민연금을 받는 100세 이상 노인이 해마다 증가하고 있는데 금년에는 45명이 자녀들의 유족연금을 받아 생활하고 있다고 하였다. 장수하는 것은 좋은 일이지만 자녀들이 먼저 사망하는 것은 악상惡喪이라고까지 하지 않는가. 결코 축복이라고 할 수 없다. 그런데 자식이 먼저 간 후 그들이 남긴 유족연금을 100세 이상 된 그 부모가 받고 산다니, 축하해야 할 일인지 슬퍼해야 할 일인지 모르겠다.

한편 가진 재산을 송두리째 자녀들에게 증여한 후에 노후를 의탁하려던 부모들이 자녀들로부터 버림을 받고 불행한 처지에 놓이는 노년들도 적지 않다. 아들에게 이미 증여한 재산을 소송으로 되돌려 받은 사건이 기사화되기도 하니 '부담부증여'를 해야 된다느니, '효도계약서'를 받아 두어야 한다는 등 심각한 사회문제로까지 대두되고 있다.

현재 한국의 실버세대는 샌드위치 세대가 되었다. 자녀들의 성공을 생애 최고의 보람으로 여기고 가르치고 길러서 재산까지 넘겨주는 것을 부모의 당연한 도리로 여겨왔다. 그러나 언제부터인지 자식들의 의식 속에선 효도의 관념이 거의 사라져가고 있다. 자녀의 도리는 없어지고 부모의 도리만 남아 있는 상황이다. 사오십이 넘어서도 독립하지 못한 자식들이 캥거루 새끼처럼 노쇠한 부모에게 기생하고 있는 것을 어쩌면 당연시하고 있는 풍조가 만연되고 있다. 이러한 사회 환경에 대응하는 것일까?

바야흐로 한국의 실버세대의 의식은 아주 빠른 속도로 변환의 모습을 보이고 있는 것 같다. '만년에 자식들에게 의지하지 말자.', '재산을 자식들에게 다 넘겨주지 말자.', '건강하게 현재를 누리며 살자.'

이런 추세를 반영한 노래가 위에 언급한 두 노래가 아닌가 한다. 누가 산출해낸 것인지는 몰라도 현대의 나이는 실제의 나이에 0.7을 곱해야 한다는 말도 나왔다. 예를 들어 100세라면 70세로, 80세면 56세로 쳐야 한다는 주장이다. 사람이 늙어서 죽기에 가장 알맞은 나이가 63세라고 주장하는 젊은 세대가 들으면 기절초풍할 일이다.

일찍이 외국으로 이민을 갔던 사람들이 조국을 방문하여 가장 놀라는 일은 우리나라 노인들이 좋은 대접을 받고 있는 현실이라고 한다. 지하철을 공짜로 타고, 각종 문화센터에는 반값의 수업료를 내고 공부할 수 있는 나라. 정말 우리나라는 이렇게 할 만한 부자 나라인가. 당연한 대접을 받고 있다고 생각할 일이 아니다. 고마운 일이다. 때로는 과분하다는 생각으로 마음이 편치 않을 때도 있다.

지하철 노약자석을 기웃거리다가 자리가 없으면 젊은이들 앞에 서서 자리를 양보해 주기를 바라는 노인들이 젊은이들의 눈에 곱게 보일 리가 없다. 나는 요즘 '나잇값'이라는 말을 자주 생각한다. 나이란 훈장도 아니고 표창장도 아니다. 세월이 지나면서 그냥 오래 묵었다는 징표일 뿐이다. 무조건 나이를 내세우는 모습은 궁색하고 초라하다. 앞으로 노인들의 수는 점점 늘어날 것이고 대접은 갈수록 줄어들 것이다.

새해가 되어 또 늘어난 나이, 어떻게 살아야 제대로 나잇값을 할 수 있을 것인가.

아름다운 얼굴

같은 사물이라도 어떤 각도로 보느냐 사람의 시각과 주관에 따라서 그 모습이 크게 달라진다. 목마른 두 사람이 컵에 반쯤 물을 보고 한 사람은 "반밖에 담기지 않은 물"이라고 하였고 다른 한 사람은 "반이나 담긴 물"이라고 하였다. 앞 사람은 실망하였고 뒷사람은 기뻐하였으며, 앞 사람은 불행해하였고 뒷사람은 행복해하였다.

낙관적이고 긍정적인 마음으로 세상을 바라보면 보이는 것마다 아름답고 편안하게 생각되지만 부정적인 마음으로 사물을 보면 매사가 암담하고 괴로운 것뿐이다.

그런데 우리는 우리 자신도 모르는 사이에 세상의 아름답고 좋은 면을 보기보다는 이면에 숨어 있는 어둡고 부조리한 측면만을 들추어 보려고 한다. 무심코 스치는 거리의 사람들, 엘리베이터에서 만난 이웃사람들의 얼굴을 보면 대부분 굳어 있거나 긴장해 있다. 혹은 자기 자신 외에는 아무것에도 마음을 두지 않은 듯 무표정한 표정들도 있다.

서양 사람들이 눈만 마주쳐도 '하~이!' 하고 손을 흔드는 것과는 매우 대조적이다. 우리들의 일상사가 그들의 생활보다 특별히 무의미하고 따분해 그럴까? 예전에는 그런 줄만 알았다. 우리나라 사람들도 생활이 윤택해지면 서양 사람처럼 명랑하게 인사를 나누고 손을 흔들어 마음을 표현하게 될 줄 알았다. 그런데 국민소득이 3만 불에 가까워지고 있어도 우리의 표정을 밝게 고치지는 못한다.

생활이 윤택하다는 것과 적극적으로 삶의 의미와 가치를 인정하려는 의지는 다른 것인가 보다. 더구나 우리는 예로부터 근엄한 표정에 익숙해 있고, 희로애락을 나타내지 않는 무덤

덤한 표정은 그만큼 생각이 깊기 때문이라고 판단해 왔다. 명랑한 사람을 가볍게 보고, 잘 웃는 것은 '싱겁고 경솔하기 때문'이라고 평했다. 좋은 일이 있어도 남 앞에서 자랑하지 않고 부족하고 잘못된 일만 들추어 부풀리기를 좋아한다. 혹시라도 어떻게 될는지 모르므로 낙관은 금물이라고, 미리 떠들지 말라고 입단속을 한다. 하기야 함부로 낙관하다가 낭패를 볼 수도 있기는 하다. 그러나 완전하고 확실하고 충분한 기쁨의 날은 언제인가? 우리는 기다리는 동안 마음이 초조할 대로 초조하여 위축되다가 시효가 지난 기쁨을 맛보는 때가 많다.

요즘 들어 세상이 많이 달라졌다. 그리고 달라진 만큼 사는 방법, 표현하는 방법도 달라졌다. "나 행복해요." "나 지금 날아갈 듯 기뻐요."라고 말한다. "나 자기 무지무지 사랑해."라고도 한다. 그런 말을 듣고 있으면 공연히 행복해지고 기뻐진다.

오늘날 사회에서 성공한 사람들은 대부분 긍정적인 사고방식을 가진 사람들이다. 그리고 그 사고방식을 적극적 행동으로 실천한 사람들이다.

아무리 세상 일이 번다하고 힘들어도 그 안에서 일의 가치와 의의를 창조하는 사람이 아름답다. 스스로 행복해지기 위하여 노력하면서 그 즐거움을 이웃에게 나누는 사람들이 훌륭해 보인다. 금년에는 많은 외국인들이 우리나라에 올 것이다. 그들을 맞이하기 위하여 경기장을 짓는 일도 중요하고 숙박시설을 마련하는 일도 중요지만 국민 모두가 어렵지 않게 동참할 수 있는 일은 그들에게 한국인의 미소를 보여주는 일이 더 중요하다.

비록 외국어를 잘못하여 의사소통이 자유로울 수 없다손 치더라도 미소는 만국 공통의 언어가 아니겠는가. 미소를 띤 얼굴처럼 아름다운 얼굴은 없다. 우리가 밝은 미소로 그들에게 다가갈 때 한국은 친절하고 교양이 있는 문화의 나라, 다시 오고 싶은 나라로 그들의 머릿속에 오래 기억될 것이다.

이현수 수필집

아버지의 바다

인쇄 2017년 8월 21일
발행 2017년 8월 25일

지은이 이현수
발행인 서정환
펴낸곳 수필과비평사
주소 서울시 종로구 삼일대로 32길 36(익선동 30-6 운현신화타워) 305호
전화 (02) 3675-3885, (02) 3675-5635. (063) 275-4000
팩스 (063) 274-3131
이메일 sina321@hanmail.net essay321@hanmail.net
출판등록 제300-2013-133호
인쇄 · 제본 신아출판사

ISBN 979-11-5933-107-7 03810
값 13,000원

이 도서의 국립중앙도서관 출판예정도서목록(CIP)은 서지정보유통지원시스템 홈페이지(http://seoji.nl.go.kr)와 국가자료공동목록시스템(http://www.nl.go.kr/kolisnet)에서 이용하실 수 있습니다.(CIP제어번호:(CIP제어번호 : CIP2017020817